METAMORPHOSE
DES YEVX DE
PHILIS
EN ASTRES.
DERNIERE EDITION.

A PARIS,
Chez ANTOINE DE SOMMAVILLE, au Palais,
dans la petite Salle, à l'Escu de France.

M. DC. XLIX.

Germain Habert

METAMORFOSE
DOS OLHOS DE
FÍLIS
EM ASTROS

Tradução e apresentação **Lawrence Flores Pereira**

FI LO CA LIA

Copyright desta edição © 2016 Editora Filocalia
Título original: *Métamorphose des yevx de Philis en Astres*

editor
Edson Manoel de Oliveira Filho

produção editorial
Editora Filocalia

capa e projeto gráfico
Fernando Moser

preparação de texto
Renata Lopes Del Nero

revisão
Lizete Mercadante Machado

Reservados todos os direitos desta obra. Proibida toda e qualquer reprodução desta edição por qualquer meio ou forma, seja ela eletrônica ou mecânica, fotocópia, gravação ou qualquer outro meio de reprodução, sem permissão expressa do editor.

Dados Internacionais de Catalogação na Publicação (CIP)
Angélica Ilacqua CRB-8/7057

Habert, Germain (1604-1654)
 Metamorfose dos olhos de Fílis em Astros / Germain Habert ; apresentação e tradução Lawrence Flores Pereira. -- São Paulo : Filocalia, 2016.
 96 p.

ISBN 978-85-69677-02-4
Título original: *Metamorphose des yevx de Philis en Astres*

1. Poesia francesa – Século XVII 2. Poesia barroca 3. Fílis de Habert 4. Narcisismo
I. Título II. Pereira, Lawrence Flores

15-0968

CDD: 841.4
CDU: 82-1"16"(44)

Índices para catálogo sistemático:
1. Poesia francesa – Século XVII

Editora Filocalia Ltda.
Rua França Pinto, 509 · São Paulo SP · 04016-002 · Telefax: (5511) 5572 5363
atendimento@editorafilocalia.com.br · www.editorafilocalia.com.br

Este livro foi impresso pela Intergraf Indústria Gráfica em fevereiro de 2016.
Os tipos são da família Apple Garamond. O papel do miolo é o Lux Cream 90g, e o da capa, cartão ningbo star 250g.

Sumário

O narcisismo especular e o poder sem poder
    por Lawrence Flores Pereira... 7

Metamorfose dos olhos de Fílis em astros................................. 47

O narcisismo especular e o poder sem poder

Lawrence Flores Pereira[1]

eu interesse pelo poema "Metamorfose dos Olhos de Fílis em Astros" (*"Métamorphose des Yeux de Philis en Astres"*),[2] escrito pelo francês Germain Habert, na terceira década do século XVII, surgiu por acaso, no rastro de uma procura literária que tinha por foco móvel o *Hamlet* shakespeariano e o personagem

---

[1] Lawrence Flores Pereira é poeta, tradutor, ensaísta e professor da Universidade Federal de Santa Maria. Entre os autores que traduziu, encontram-se T. S. Eliot, Wallace Stevens, Emily Dickinson e William Shakespeare. Do autor, a É Realizações publicou seu livro de poesias *Engano Especular*.

[2] *Metamorphose des yeux de Philis em Astres. Derniere edition. A Paris. Chez Antoine de Sommaville, au Palais, dans la petite Salle, à lEfe de France. MDCXLIX.* A microficha encontra-se disponibilizada no site Gallica. Bibliothéque Numérique. Na ficha constante de consulta encontra-se como autor Jean de Rotrou (1609-1650), o engano devendo-se possivelmente à confusão do bibliotecário com a obra dramática de mesmo nome escrita por Jean de Rotrou, baseada justamente no sucesso do poema de Germain Habert.

Hipólito, que aparece na *Fedra* raciniana como um personagem protowertheriano. Numa dessas labirínticas leituras, comuns nessas pesquisas, me vi perdido numa *selva oscura* de associações provocadas por esse poema narrativo. Encontrei esse poema pastoral-ovidiano misturado na conhecida seleta de poesia barroca francesa de Rousset,[3] na qual constava incluído por associação temática. Lembro que, inicialmente, o que requisitava meu interesse era algo relativo ao mundo invertido e suas associações com as projeções narcíseas no espelho das águas. Era o tema que havia sido delicadamente trabalhado por Shakespeare em seus primeiros sonetos. Era também o tema predileto de Ronsard, em cuja poesia é comum a imagem de amantes que se miram no espelho aquoso dos olhos de suas amantes. Impressionado com a onipresença temática e a qualidade do poema de Habert, fui à busca da estranha obra.

Nossa sensibilidade moderna mostra-se desconfortável com a alegoria e com poemas alegóricos de modo geral – e o poema de Habert é desse gênero. O jogo de luzes nesse poema, suas nuançadas temáticas não deixarão de atrair, contudo, os que se interessarem em ler as fiorituras inscritas em suas figuras. São raros os que apreciam hoje espontaneamente a sutil mistura, na poesia de John Donne, da linguagem platônica e erótica com a linguagem lógica, científica e argumentativa que invadiu a poesia inglesa na primeira metade do século XVII. Não sentimos mais a novidade dessa arte que mistura o velho imaginário poético com as ideias mais avançadas de Galileu, as metáforas do cálculo matemático e das novas descobertas que encantaram os contemporâneos do poeta.

---

[3] Jean Rousset, *Anthologie de la Poésie Baroque Française*. Paris: Armand Colin, 1961, p. 245.

Perdemos o mapa dessas minas, sentimo-nos pouco requisitados por tais figuras e pelas problemáticas que as inspiraram.

No poema de Habert, a dificuldade é ainda mais considerável, porque nossa sensibilidade há muito se distanciou dessa tradição que tem no jogo delicado de símbolos e imagens do barroco seu principal artifício. Na maioria dos casos, somente uma inclinação museológica nos permite adentrar alguns de seus significados.

O fato é que esse autor de apenas duas obras é hoje quase que absolutamente desconhecido. Germain Habert[4] nasceu em Paris, em 1604, e ali faleceu em 1654. Na primeira metade do século XVII, os nomes da família Habert começaram a aparecer nas crônicas, associados aos altos escalões da administração do reino e da prática letrada. Seguindo um padrão comum entre os homens da primeira metade do século XVII, a atividade literária de Germain Habert não constituiu o único pilar de sua carreira. O autor fez parte, entre 1627 e 1630, dos "Ilustres Bergers" ["Pastores Ilustres"], um grupo de supostos seguidores de Malherbe que tinha como constituintes, entre outros, Guillaume Colletet, Nicolas Frénicle, Antoine Godeau e Claude Malleville. O nome do grupo parece-nos, hoje, sugestivo de todas as boas intenções dos jovens que o formaram, um grupo literário que, depois das despreocupações dos primeiros encontros juvenis, foi certo dia aliciado pelo pragmatismo de Estado do ambicioso Richelieu para servir de núcleo à nascente Academia Francesa,

---

[4] Não tive a oportunidade de pesquisar com mais detalhe a vida do autor e as circunstâncias da publicação de "Metamorfose dos olhos de Fílis em astros". Seguimos aqui as informações constantes no verbete dedicado a Germain Habert em René Pillorget e Suzanne Pillorget, *France Baroque, France Classique*. Paris: Laffont, 1995.

instituição que, como sabemos, nasce de uma aspiração normativa do Estado francês.

Qualquer que fosse a fidelidade de palavra desses ilustres pastores a seu mentor, suas tendências neoclássicas, sua pouca inclinação aos exageros metafóricos do barroco e sua liberdade prática se deixaram atestar pelas formas que escolhiam. Eram poetas elegíacos, seguidores também da voga do soneto. Essa liberdade não era de modo algum uma *libertinagem literária*. O teor dominante era o da Reforma: eram católicos, na maior parte, e mesmo devotos, sendo bastante sensível em suas obras o sentimento religioso. Quando Richelieu decidiu criar uma academia real de letras, seu assessor responsável procurou a ajuda desse grupo. Germain Habert foi um dos homens da Academia que tiveram o encargo de examinar a peça *Le Cid*, de Corneille, quando da célebre *Querelle* desse poeta dramático com Georges Scudéry. Conta o anedotário que, na época, perguntado sobre sua opinião a respeito da peça do grande dramaturgo francês, Germain declarou que "teria gostado" de escrever a peça. A declaração não o impediu de participar da redação dos *Sentiments de l'Académie* [*Impressões da Academia*] sobre *Le Cid*.[5]

Germain Habert foi também frequentador do hotel de Rambouillet, principal núcleo do chamado preciosismo, onde se reunia a mais brilhante sociedade da primeira metade do século. Desconhecemos o trajeto religioso ou espiritual de Habert, mas por volta de 1642, deve ter se voltado de corpo e alma à devoção. Participou das

---

[5] *Les Sentimens de l'Academie Françoise sur la Tragi-comedie du Cid*. A Paris, En la Boutique de G. Quinet, au Palais, à l'entrée de la Gallerie des Prisonniers, à l'Ange Gabriel. MDCLXXVIII. Avec Privilege du Roy.

atividades da Companhia do Santo-Sacramento e publicou uma *Vida do Cardeal Bérulle*.[6]

"Metamorfose dos Olhos de Fílis em Astros"
em sua época: recepções

Mesmo hoje, nos dicionários literários, em enciclopédias tratando do mundo literário do século XVII, ele é apresentado como um típico exemplo de poesia "preciosa". O termo "precioso", ainda agora, não perdeu a pecha de ridículo cunhada por Molière em *Les Precieuses Ridicules* e em *Femmes Savantes*. Esse silencioso repúdio é o grande responsável pelo esquecimento do atual poema, mas não o explica por inteiro. Escrito no final da década de 1630, a estética algo barroca que predomina no poema logo será suplantada pela minuciosa crítica do classicismo francês que defende o retrato contra a alegoria, a natureza à alusão metafórica, assim como o repúdio aos filosofemas imagéticos que abundam no barroco, às sutilezas de pensamento. O imaginário não realista cairá rapidamente em desuso com a emergência da estética de Boileau e do imperativo da inteligibilidade.

Surpreendentemente, como que refutando o desprestígio de quase quatro séculos, o poema de Habert teve imenso sucesso em seu tempo. Publicado em 1639, o poema apresentava gênero e temas nada incomuns: uma história de amor, ambientada num cenário algo bucólico. Desde Urfé, o grande bucólico francês, os temas pastorais eram

---

[6] *La vie du Cardinal de Bérulle: instituteur et premier supérieur général de la Congrégation de l'Oratoire de Jésus-Christ notre Seigneur.* Retraitte faite par le Cardinal de Bérulle à Verdun ([Reprod.]) / par Germain Habert, abbé de Cerisy.

comuns, e era um hábito literário fundir os temas da pastoral ao do gênero das metamorfoses herdado de Ovídio. Assim, embora nos seja difícil compreender como uma história de cunho tão pueril, com textura alegórica notável, pudesse entusiasmar uma geração inteira, o fato é que Habert desfrutava de terreno fértil para desenvolver suas ideias e imaginações, assim como um público ávido de seus temas e formas. Podemos apresentar como indício de seu êxito junto ao público culto da primeira metade do século XVII o fato de que muitas de suas marcas estilísticas e imaginárias se farão sentir décadas depois de sua publicação. Está tanto nos primeiros exercícios poéticos de Jean de Racine[7] quanto na poesia "ovidiana" do "Adonis" de La Fontaine. Essas pistas poderiam nos bastar, mas há também alguns relatos que comprovam seu êxito impressionante. Os testemunhos que restaram provam, com efeito, um sucesso imediato – e até mesmo estendido por décadas. O dramaturgo Boursault compôs uma peça de mesmo nome, baseada na história de Habert, ainda décadas mais tarde, já em 1665, precedida por um interessante comentário em seu "Avis au lecteur":

> A "Metamorfose dos Olhos de Fílis em Astros" é um poema que obteve tanta reputação e que deu tanta glória ao falecido senhor

---

[7] Refiro-me a "Le Paysage" ou "Promenade de Port-Royal des Champs", escrito, segundo alguns testemunhos, em 1635, no retorno de Racine de Beauvais, quando contava com dezessete ou dezoito anos de idade. As cercanias de Port-Royal-des-Champs são chamadas de "santas moradas do silêncio". No entanto, o imaginário que rege o conjunto é, em grande parte, influenciado por Habert ou por outros poetas "barrocos". *"Que c'est une chose charmante,/ De voir cet étang radieux,/ L'onde est toujours calme et dormante!/ Mes yeux, contemplons de plus près/ Les inimitables portraits/ De ce miroir humide"*. Há, contudo, muitas mediações no poema de Racine que traem sua inexperiência como poeta. Jean de Racine, *Oeuvres Complètes*. Ed. Raymond Picard. Paris: Gallimard, 1950, p. 430.

Abade de Cerisy, que era o seu autor, que há poucas pessoas que se empenham em amar as belas coisas, que não o tenham lido repetidamente para conhecer mais da metade de memória.[8]

A admiração irrestrita de Boursault pela obra de Germain Habert representa os sentimentos e juízos estéticos de toda uma geração. Vinte anos mais tarde (1687), em *Manière de Bien Penser*,[9] Bouhours[10] dará, na forma de um diálogo entre os personagens Filanto e Eudóxio, um testemunho interessante sobre a reputação do poema. Cito o comentário de Jean Rousset:[11]

> [Bouhours] opõe, neste ponto, dois espíritos, dois gostos; para Filanto, que gosta de Tasso, o estilo florido, as metáforas contínuas, "é uma obra-prima do espírito e meu encantamento renova-se

---

[8] Edme Boursault, *La métamorphose des yeux de Philis: changez en astres, pastorale représentée par la troup royale, et mise au théatre par M. Boursault*. Paris: N. Pépingué, 1665. A peça de Boursault encontra-se na Bibliothèque nationale de France, YF-7418, no site Gallica. (Vista 8 e 9, sem paginação). "*La 'Métamorphose des yeux de Philis en astres' est un poème qui s'est fait tant de réputation et qui a tant donné de gloire à feu Monsieur l'Abbé de Cérisy, qui en estoit l'auteur, qu'il y a peu de personnes qui fassent profession d'aymer les belles choses, qui ne l'ayent assez leu de fois pour en sçavoir plus de la moitié par cœur…*" (*Avis au lecteur*).

[9] Dominique Bouhours, *La manière de bien penser dans les ouvrages d'esprit, dialogues (par le P. D. Bouhours) Vve de S. Mabre-Cramoisy*. Paris, 1687.

[10] Bouhours (nascido em 1628 e falecido em 1702) foi jesuíta, autor de diversos livros de gramática, de comentário literário e de estilística. Foi preceptor dos príncipes de Longueville, depois do marquês de Seignelay. Amigo de Bossuet, de La Bruyère e de Boileau. É autor de *Entretiens d'Ariste et d'Eugène* (1671), de *Doutes sur la langue française* (1674), contra os jansenistas e de *Manière de bien penser dans les Oeuvrages d'esprit* (1687). Substitui Vaugelas na tarefa de reforma da língua. Suas obras oferecem preceitos de melhor expressão que influenciarão até mesmo Voltaire.

[11] Rousset, op. cit., p. 278.

sempre que a leio". "A mim também me encantou, como a você", retomou Eudóxio; "mas reconsiderei isso, e só vejo aí afetação". Eudóxio, porta-voz de Bouhours, amigo de Racine, concorda que apreciou essa poesia em sua juventude, mas que seu gosto mudou. Filanto cita os quatro primeiros versos do fragmento... *No meio desse bosque um líquido cristal...*, que lhe parecem "perfeitamente belos e muito naturais...". "Se você chama isso natural", replicou Eudóxio, "não sei que ideia você faz de afetação." "Na verdade", retornou Filanto, "você revira as minhas ideias." Excesso de "brilhantes", eis a grande censura de Eudóxio aos seus versos.[12]

A opinião de Eudóxio reflete não apenas um suposto racionalismo antipático ao ornamento barroco, mas o conflito entre o novo "naturalismo" e as formas anteriores de escrita poética. Os dois protagonistas do diálogo parecem não concordar sobre que coisas ou que modos de expressão poética participam da noção elástica de natural. O contemporâneo de Racine desdenha toda a forma artística que se submete inteiramente à força e ao uso desregrado de metáforas e imagens alegóricas. Para ele, as noções conceituais que permeiam as obras barrocas – com figuras de linguagem antitéticas, com seus exageros retóricos – não são de modo algum naturais.

Nossa impressão, atualmente, talvez não seja muito diferente. Não há dúvida de que, em muitos sentidos, "Metamorfose dos Olhos de Fílis em Astros" é uma obra de artifício, uma composição que se mostra indiferente a certa representação do mundo real e que configura antes uma "fábula alegórica". Mas o que a crítica "classicista" já não podia

---

[12] Ibidem, p. 278.

aceitar é que o poema de Habert (assim como tantos outros de sua época que se caracterizaram por apagar discretamente as figurações fúnebres hegemônicas na passagem do século XVI e XVII) foi uma das muitas obras que prepararam o terreno para o classicismo. O imaginário mórbido, que muitos contemporâneos de Habert empregaram em sua poesia, está praticamente ausente em "Metamorfose dos Olhos de Fílis em Astros". Sua tematização da "desagregação" – o tema que mostra o corpo em processo de desagregação – sofre nessa obra uma atenuação que já preconiza a chamada cultura do "litote" do *Grand Siècle*. O esquecimento ou desprezo pela geração seguinte do poema "precioso" de Habert deveu-se certamente ao fato de que Habert e seus contemporâneos não foram suficientemente eufemísticos em seus poemas.

Imagens de morte e de desagregação: o "barroco" em Germain Habert

Ora, na crítica estilística do período parece haver uma reação profunda ao estilo misturado, metafórico, profundamente alusivo e "afetado" das gerações anteriores, e nessa crítica há obviamente um desconforto com os perigos da associação, assim como uma crítica à tendência "tenebrosa" e mórbida de muitos autores contemporâneos de Habert. Apesar de todos os jogos de luzes que surgem no poema de Habert, a evolução do poema está repleta de narrativas perturbadoras que talvez tenham sido o motivo do desconforto não apenas de Bouhours, mas de muitos outros autores. É importante hoje reler essa obra tentando compreendê-la como uma reflexão poética sobre a morte, a transformação e a dor. Esse tema era comum a muitas obras da época. Que se pense em Juan Martinez Montanés, em Georges de La Tour com suas desejáveis Madalenas acompanhadas de caveiras e espelhos (*memento mori*): são quadros que tiram as consequências derradeiras de uma arte que descobriu as sombras.

As caveiras que, desde o século XVI, obsessivamente reaparecem nos quadros e nas gravuras, não só de Georges de La Tour mas também de seus contemporâneos em toda a Europa, encontraram na poesia um correspondente? Desde a última poesia do delicado Pierre de Ronsard, lúgubre, devotada ao lamento e à afirmação dos limites humanos, aparecem os vales repletos de ossos e percorridos pelos murmúrios humanos. Esse poeta, que em sua primeira poesia teve o cuidado de tornar bela até mesmo a face pálida da morte, foi, no final de sua vida, subitamente arrebatado pela voga mortuária que invadiu todos os recantos simbólicos do mundo europeu. No final do século XVI, ocorre a culminância desse imaginário do *memento mori,* do canto e da dança macabra, do pessimismo diante do destino e da condição humana. Aparece em Hamlet, na cena burlesca e trágica dos *coveiros,* no aumento de cenas pictóricas ambientadas à noite, na sensação premente dos personagens dessa peça de que algo está fora do eixo, assim como na inquieta menção à agitação *unnatural* do reino. Está no teatro plangente e lutuoso de Garnier que introduz em sua peça *Os Judeus* um correspondente cristão ao lúgubre lamento dos antigos. No meio desse grande espetáculo da morte, o francês Boaistuau é uma figura ainda hoje bastante desconhecida. Sua obra *Théâtre du Monde*,[13] traduzida

---

[13] Pierre Boaistuau, *[Le] théâtre du monde: où il est faict un ample discours des misères humaines.* Composé en latin par P. Boaistuau, puis traduit par lui-même en français. Anvers. MDLXXX.

para o inglês e para o espanhol, inicia com uma grande exclamação sobre a surpreendente natureza (maléfica) do homem. Ele inverte a otimista exclamação admirativa que Pico Della Mirandola fizera, séculos antes, no glorioso e luminoso ponto de partida do Renascimento. Contrapõe ao otimismo racionalista e místico do místico italiano um pessimismo que vê na própria razão humana a origem de suas faltas. Shakespeare e Calderón de la Barca lerão traduções de sua obra. Seus reflexos se farão sentir, respectivamente, na misantropia de Hamlet, na descrição que Segismundo, o *hombre-fiera* em *La Vida es Sueño*, faz do mundo animal, assim como na obsessiva reincidência imaginária ali do tema do aborto humano. Boaistuau fala uma língua que deita fundas raízes nas discussões teológicas e filosóficas sobre a cena de origem que funda, segundo a tradição cristã, a condição caída do homem.

Eis, portanto, um amplo panorama que reúne obsessivamente as imagens da morte, o questionamento radical cristão das "aparências" e as descrições da mácula histórica e pessoal a que está fadado todo o ser humano nascido após a primeira falta. É precisamente no seio de uma indagação sobre as "aparências" que interroga radicalmente a validade da vida terrena que todo um complexo temático surgirá: o da inconstância do mundo, da flutuação da existência – temas escorregadios, cheios de repercussão para o chamado "barroco". Temas que, no entanto, poderão ser facilmente invertidos e apresentados sob a forma do deleite da mutação – deleite heraclitiano diante da transmudação eterna das coisas. Jean Rousset, em *La Littérature de l'Âge Baroque en France*, e em sua *Anthologie de la Poésie Baroque en France*, faz um levantamento desses principais motivos. O primeiro é o da *inconstância*, cujo símbolo fundador é Proteu.

[...] primeiro emblema do homem barroco, ele designa sua paixão da metamorfose unida ao disfarce, seu gosto pelo efêmero, pela "volubilidade" e pelo inconcluído. Encarna uma inconstância total.

Rousset nota que, embora a inconstância seja como fenômeno uma só coisa, recebe nos escritos, na poesia e nas representações do período um tratamento diferenciado. Os tipos de apresentação da inconstância, assim como sua validade e seu efeito, dependerão do ponto de vista assumido por quem os aborda. Numa época em que a oposição entre mundo espiritual e mundo terreno ainda vale, o imaginário da inconstância foi recebido ora negativamente, com desconfiança e terror, ora positivamente, como uma bênção para a existência humana. Para homens como Sponde, d'Aubigné, Chassignet, radicais religiosos cujas posturas se reencontrarão tanto em Bérulle quanto em Pascal, a inconstância e a instabilidade vêm apenas confirmar a condição caída do homem – o homem é um ser levado pelo vento, efêmero. Rousset detecta o contraponto dessa postura negra diante do Proteu da inconstância naqueles poetas que ele denomina poetas da "inconstância branca":

> [...] eles se lançam, mergulham [...] se encantam. Longe de se desviarem e se esforçarem em superá-la [a inconstância], eles a saboreiam, tiram dela o gozo e a arte; imaginam seres que são apenas fumo, fogo e onda, uma natureza cuja inconstância seria a alma, um mundo inteiramente preenchido de símbolos.[14]

---

[14] Jean Rousset, *Anthologie de la Poésie Baroque Française*. Paris: José Corti, 1988, p. 7.

Essa valorização do instante delicioso atinge todas as dimensões da realidade, até mesmo o pensamento, como no poema de Durant.

Nostre esprit n'est que vent, et comme un vent volage...
Ce qu'il pense aujourd'huy demain n'est qu'un ombrage...
Je peindrois volontiers mes légères pensées,
Mais desjà le pensant mon penser est changé,
Ce que je tiens m'eschappe...[15]

As duas posturas assumidas diante do motivo da mutação possuem correspondentes em outras regiões simbólicas. A bolha, os pássaros, as nuvens, símbolos ou emblemas da fugacidade, da leveza e da inconcretude, jogam com esses princípios. Assim também a água e o espelho são usados para figurar o movimento e a confusão das imagens. Há nessa escola todo um complexo imaginário que sublinha o conflito entre movimento e estaticidade, que *joga* com as oposições e os sentimentos confusos diante da instabilidade e do mover-se perene da vida.

"Metamorfose dos Olhos de Fílis em Astros", como o próprio título sugere, é um poema de *metamorfose*, de mutação, transformação, bem na tradição da poesia barroca francesa da primeira metade do século XVII. É uma peça que fala de inconstância, de espelhos na superfície das águas, de perda, dor, mas também da impossibilidade de sofrer. Trata também do destino dos homens e da necessidade divina. Estilisticamente, é um poema cintilante, profundamente "barroco", se entendermos barroco como um modo figural e alusivo de escrever.

---

[15] Ibidem, p. 8.

Um pequeno roteiro

Tentemos acompanhar, em suas linhas mestras, seus conteúdos gerais. "Metamorfose dos Olhos de Fílis em Astros" conta a história do amor de Fílis e de Dáfnis e da paixão fatal que a jovem Fílis despertou no sol. Na primeira parte do poema, Fílis, a heroína do poema, encontra-se junto a uma fonte, refletindo sua imagem nas águas ondulantes. Toda a passagem é uma longa descrição desse momento de límpida beatitude em que a jovem acha-se envolvida com sua própria imagem refletida nas águas. Esse primeiro momento é subitamente alterado quando essa autocontemplação narcísica da jovem é interrompida. O reflexo de Dáfnis se interpõe entre ela e sua imagem, desencadeando algo misterioso. Então Fílis se desvincula (mas não inteiramente) de seu primeiro estado. A cena seguinte narra diversas perseguições amorosas. O jovem Dáfnis persegue sua amada, mas vendo-se sempre rejeitado, entoa seu longo lamento amoroso. Passa a estação fria. A quente estação derrete os gelos antigos. Fílis, culpada por suas atitudes impiedosas e esquivas, abandona sua frieza e une-se finalmente ao Pastor. Tudo parece se dirigir para uma nova felicidade, quando surge o deus sol. Num de seus ocasos, este vislumbra, ao longe, indistinta, a beleza de Fílis. O astro que ilumina o mundo com seus fogos conhece uma nova forma de incendiar. Entretanto, é a própria eternidade irremovível ao qual o sol-deus está atrelado que o impede de unir-se a Fílis. Ele inveja a sorte dos humanos. Ele se vinga lançando sobre a terra o calor que infecta os pântanos, matando assim o jovem Dáfnis. Quando o sol dá fim à sua vingança contra o jovem amante, o espetáculo do sofrimento de Fílis o deixa repleto de remorso. Ele se sente paralisado. É obrigado a ver aquela que amou dissolver-se em lágrimas. As lágrimas de Fílis se dissolvem e retornam àquelas mesmas águas onde, no início do poema, ela aparecia fundida imaginativamente à fonte primeva. Depois de sua dissolução, o sol alça aos céus as estrelas gêmeas, metamorfoses dos olhos de Fílis, para significar seu amor à jovem.

Pastoral, o novo Narciso e a fonte primordial

No poema de Habert, acumulam-se traços da pastoral, do gênero ovidiano das *metamorfoses,* dois subgêneros que, tradicionalmente, supõem a hipertrofia alegórica e conceitual em detrimento de formas mais naturais de expressão. Mesmo assim, não obstante a massiva presença desses traços, seria enganoso ver em Fílis uma peça exemplar desse gênero. A começar pelo cenário que já não reflete o padrão típico da Arcádia, com seus campos bucólicos e amenos, habitados por pastores sopradores de flautas, celebrando as dádivas de uma natureza inofensiva. A nítida predileção do autor por um bosque escuro, agitado por visões e mutações constantes faz lembrar a atmosfera feérica, inquietante e reconfortante de *Sonho de uma Noite de Verão*. Esse movimento febril reflete-se na figuração invertida do mundo. Logo no início do poema a metáfora da inversão aparece na rica descrição de um "canal" em cujos reflexos a heroína da história se espelha, dominada por sensações de plenitude narcísica. Eis o que parece ser o *leitmotiv* principal desse poema: o tema da fonte primordial que aparece logo no início da narrativa, junto à descrição plena e integral da natureza floral que circunda o lugar onde Fílis passa seus dias de beatitude. Ela aparece ajoelhada junto à fonte. Com seu olhar, ela troca sua luminosidade interior com a luz que se espraia na face das águas cintilantes e inconstantes. Estudando imagens semelhantes na literatura universal, Peter T. Koper, em *The Girl by the Water: Images of Aphrodite as Mediated Desire*,[16] afirma que "a margem da água é, de um modo simples, o limite do mundo humano", de modo que permanecer "junto à margem é manter-se no limite da experiência humana". Nessas imagens, a moça – ou a menina – geralmente tem seu pé levemente mergulhado na água, está "no limite do poder de geração que é a base da vida". Com o pé mergulhado na água ela "está em contato com a água da vida em sua forma indiferenciada, mas ela é humana e vive na terra".

> O mar é vida imediata, o mundo do apetite, o que podemos imaginar como uma possibilidade, mas que não podemos experienciar. A terra, como um local do humano, é o mundo da cultura, do desejo mediado. A vida na terra depende da água, mas a água está coagida pelo corpo. O apetite está coagido pela cultura. A sexualidade de que a menina é a imagem é universal, geraria tanto conflito mimético que ameaçaria a cultura. Como a água na terra, a sexualidade está coagida [...]. A menina à beira da água é a imagem da cultura daquilo que é ideal na mulher. Que o desejo não mediado seria explosivo e perigoso para a cultura é claro. Assim, esse ideal de sexualidade está na margem da água, uma fusão ideal da natureza e da cultura, pairando em sua intersecção.

O princípio aquoso, com o qual essas figuras de algum modo se identificam, assim como as diferentes variações sobre o tema em

---

[16] Peter T. Koper, "The Girl by the Water: Images of Aphrodite as Mediated Desire". In: *Anthropoetics* 9, n. 2, outono de 2003 / inverno de 2004.

Ovídio, atestam a relação entre os dois princípios. A forma do barroco e de Germain Habert aponta cada vez mais para as modalidades alegóricas da fábula. A narrativa que conta a história de Afrodite *encarna, na sua forma,* de modo pleno – e não analítico –, essa força e essa energia reprodutiva que se oferece de modo fantasmático ao homem. A jovem junto à fonte, não obstante sua relação possivelmente orgânica com a imago da liquefação fértil de Afrodite, apresenta, como bem o assinala Koper, um momento *analítico* que descreve um lugar ambíguo, o próprio limiar entre sexualidade mediada e sexualidade não mediada. A jovem que permanece entre as águas e a terra, que vive no mundo do desejo, mas que parece ainda partilhar algo com o não mediado, oferece, com nitidez, por assim dizer, didática, uma *divisão* da questão que não ocorria no modo narrativo da história de Afrodite. Ovídio é, nesse sentido, um curioso momento do pensamento poético. Hesíodo e seus contemporâneos conheciam essa dualidade que será explicitada pela forma fabular em Ovídio. Entretanto, não a figuraram com elementos que tendem à conceptualização e à alegorização. Na história da "sedução" de Anquises, Afrodite certamente aparece sob suas duas naturezas, uma ilusória (como mulher excepcionalmente bela que atrai irresistivelmente Anquises), e outra "verídica" (como deusa que é descoberta com assombro por um Anquises amedrontado). No entanto, a apresentação das duas aparências se dá em dois momentos separados. São esses dois momentos – que comportam implicações diversas – que são fundidos ou sintetizados na única cena arquetípica da moça à beira da água. Essa apresentação ao mesmo tempo abstrata e concreta da sexualidade dividida entre apetite e desejo, nós a conhecemos através de Ovídio, e ela teve um imenso destino na literatura ocidental.

No entanto, na imagem da jovem junto à fonte, o que é notável é justamente seu caráter *analítico*, e não sintético.

É nesse contexto que devemos nos perguntar sobre as possíveis implicações simbólicas da lenda de Narciso. Germain Habert foi certamente fascinado pela lenda de Narciso. Num madrigal dedicado à rosa, na "Guirlanda de Julie", ele compara essa flor ao Narciso.

> **La Rose**
>
> *Alors que je me vois si belle et si brillante*
> *Dans ce teint dont l'éclat fait naître tant de voeux,*
> *L'excès de ma beauté moi-même me tourmente;*
> *Je languis pour moi-même, et brûle de mes feux,*
> *Et je crains qu'aujourd'hui la Rose ne finisse*
> *Par ce qui fit jadis commencer le Narcisse.*

É com a imagem obsessiva do autoamor narcísico que Germain Habert reelaborará o tema da moça à beira da água, com o acréscimo do imaginário narcísico-especular. Em Ovídio, Narciso, depois de suas fugas diversas das jovens e ninfas que o desejam, retorna à fonte para saciar a sede, quando encontra, espantado, sua própria imagem. Ao contrário do modelo adotado por Koper, trata-se de um jovem (e não de uma jovem) que se *apaixona* pela própria imagem. A lenda de Narciso não é, de modo algum, um composto único, mas um cruzamento entre o tema feminino da moça à beira da fonte (mais particularmente das ninfas fontanais) e o tema do reflexo narcísico. Como o personagem Hipólito, da peça de Eurípides, Narciso rejeita (inconsciente de sua violação) todo o contato sexual. Essa recusa não é um simples repúdio *misantropo* ou até mesmo *misógino*, como se poderia ver sugerido, de modo implícito ou explícito, nas versões culturalmente mais tardias que tratam do tema do jovem refratário (sobretudo no "Hipólito Coroado" de Eurípides e, mais ainda, na "Phaedra" de Sêneca). Sua rejeição é apresentada como um ato inconsciente, como um ato até mesmo *instintivo*. O encontro de Narciso com Eco é emblemático dessa *rejeição* instintivamente *pueril* à outridade erótica. Eco não pode formular suas próprias palavras, mas somente repetir o final das frases daqueles que lhe dirigem a voz. Assim, quando ela se apaixona pelo jovem e belo Narciso, ela se oculta nas florestas. Narciso *sente vagamente* sua presença, sente estar sendo observado.

> *Forte puer, comitum seductus ab agmine fido,*
> *Dixerat: "Ecquis adest?" et "adest" responderat Echo.*
>
> [O jovem, apartado do grupo de fiéis comparsas,
> Disse: "Há alguém aqui?". "Aqui!", respondeu Eco.]

Repercussão de voz que soa como pura fantasmagoria, como voz ao mesmo tempo presente e ausente, cuja natureza se caracteriza por *ressoar* apenas a voz do próprio sujeito. Assim, o que Narciso ouve é apenas sua própria voz, mas que repercute *exteriormente* de tal modo a produzir a impressão de uma outridade. A voz de Eco é comparável com a própria *imagem* de Narciso na fonte. A posição dos termos pode ser alterada, e o leitor pode ler cada uma das imagens (de Narciso) ou as vozes (Eco) como referindo tanto um quanto outro. Ele conta justamente com essa confusão algo estilística para produzir seu efeito. Pois se trata aqui, na lenda de Narciso, de ir ao limite na expressão do paradoxo do ser e da percepção do outro, que nunca se faz totalmente, que sempre encontra limite no *fechamento* que é intrínseco à condição de existir como individualidade. É justamente esse *fechamento* que se torna *comovente* no encontro de Narciso com sua própria imagem, pois o que ele vê no reflexo de si mesmo é outro com o qual ele se sente ligado e indefinidamente desligado. O amor é esse momento em que a alienação pela outridade é momentaneamente suspensa e na qual o sujeito tem acesso a uma experiência *aproximativa* da totalidade inicial.

> *Et placet et video; sed quod videoque placetque*
> *Non tamen invenio; tantus tenet error amantem.*
> *Quoque magis doleam, nec nos maré separat ingens*
> *Nec via nec montes nec clausis moenia portis;*
> *Exígua prohibemur aqua.*
>
> [Gosto e vejo, mas o que vejo e gosto
> Não alcanço, o erro interpôs-se no amor.
> Também com maior dor, não nos separa o vasto mar,
> Nem via, nem montes, nem muralhas com portas fechadas:
> Nós nos separamos por um pouco de água.]

A duração dessa experiência mínima é *qualitativamente* muito inferior à dissolução total no todo que pressupõe a totalidade inicial. A experiência de aproximação com o todo que é a experiência amorosa é também um *eterno porvir*, sempre adiado. No entanto, *retornar* de fato a essa totalidade inicial só pode ser realizado fantasiosamente com a *morte*, geralmente representada nas obras que tratam dessa temática como uma dissolução física no elemento líquido. Mas no final de seu patético discurso, suas palavras imprimem com toda a ambiguidade o estranhamento diante de sua auto-outridade.

Quid faciam? Roger Anne rogem? Quid deinde rogabo?
Quod cupio mecum est; inopem me copia fecit.
O utinam a nostro secedere corpore possem!
Votum in amante vovum, vellem quod amamus abesset.

[Que fazer? Interrogar ou ser interrogado? Quem interrogarei?
O que quero está comigo: a riqueza tornou-me sem recurso
Ah, pudesse desvencilhar-me de nosso corpo!
Voto raro num amante: quisera o que amamos longe.]

O que se segue a isso é sua morte, sua dissolução nas águas, de modo que, seguindo o padrão ovidiano, ele sofre uma metamorfose quando está tomado pelo sentimento paroxístico de perda.

Assim, se explica a fusão da temática "narcísica" com a temática da "jovem à beira da água": Narciso encontra-se, potencialmente, na mesma posição do imaginário da jovem à beira d'água, ocupando o lugar ambíguo, o limiar que separa a abertura total do apetite do desejo como apetite mediado. A substância líquida define concreta e metaforicamente o indefinido: mas é comum também associar o indefinido "primevo" com a fonte e com as nascentes e, por extensão, com a própria figura materna. Narciso não se *dissolve* como Fílis nas águas da fonte onde ele reflete sua própria imagem, mas encontra ali seu fim. A intuição mental da existência de um estágio "narcísico" teve sempre de ser expressada por meio de uma conjunção do sujeito e de seu objeto de amor. No entanto, para tornar efetiva esteticamente essa impressão – atualizada esteticamente – foi sempre necessário que os poetas ativassem a dialética móvel entre o eu e o outro.

A lenda de Narciso é uma das mais difíceis de analisar, justamente porque foi uma das que mais receberam acréscimos interpretativos. É uma das mais citadas – e certamente sua atratividade não é um fenômeno moderno repercutindo o "hedonismo narcisista" das novas gerações. Encontra-se até mesmo num poema de Bernard de Ventadour, posicionado estrategicamente dentro da temática do reflexo amoroso, que ocorre no interior dos olhos-espelhos.

> *Miralhs, pus me mirei en te,*
> *M'an mort li sospir de preon,*
> *C'aissi.m perdei com perdet se*
> *Lo bels Narcisus en la fon.*

> [Espelho, depois que me mirei em ti
> Me mataram suspiros fundos
> E assim eu me perdi como se perdeu
> O belo Narciso na fonte.][17]

Diversamente da imagem da jovem à beira da fonte, a lenda apresenta o imaginário especular (do espelho "narcísico") que torna mais complexa a exposição, tornando-a analítica em sua forma. Se a figura da jovem à beira da água já mostra sintomaticamente uma situação limite, a versão ovidiana da história de Narciso surge como uma verdadeira "analítica" do desejo. Embora seja evidente nessa narrativa uma tendência a um discurso moralizante, as exclamações do narrador chamando o jovem Narciso à razão e alertando-o da anomalia de seu autoamor parecem curiosamente *deslocadas* numa

---

[17] Segismundo Spina, *A Lírica Trovadoresca*. São Paulo: Perspectiva, 1991, p. 150.

história cujo delineamento imagético tende a apontar para outras dimensões da intuição humana.

Se é possível traçar paralelos entre dois momentos mediáticos tão distantes como o mundo da literatura ovidiana e a literatura "barroca" de Habert, eles certamente se encontram no gosto pela exposição analítica da imagem. O virtuosismo "barroco" de Germain Habert mostra prismaticamente toda a curiosa troca e a bizarra química entre as águas e Fílis, o que permite recompor a dialética narcísica. Germain Habert é hábil em sugerir o movimento assombroso da natureza e a ligação secreta existente entre esse movimento e as personagens. A descrição da jovem heroína "fontanal" é um jogo metafórico e metonímico que logra sugerir o elo secreto ligando a luz do olhar de Fílis às luzes cujos fogos se esparramavam sobre a superfície ondulante e inconstante das águas. Esse parentesco secreto – espécie de fusão amorosa que se dá através do olhar de Fílis – sugere implicitamente o tema narcísico, mas aqui com o acréscimo "materno" que lembra, de algum modo, o "sentimento oceânico" de completude e infinitude, investigado por Freud em *Mal-Estar da Cultura*. A fusão luminosa da heroína com as águas representa um estado "primevo" no qual não há distinção entre "eu" e "tu", entre sujeito e objeto, mas uma total identificação entre o sujeito e o universo circundante, entre a eudade e a outridade. Mas se há uma espécie de unidade, essa fusão, em vez de anular a particularidade de cada um, já assinala a divisão unificada do eu e do outro. A cena conserva-se, assim, como um espetáculo do múltiplo no uno: o encantamento e a beatitude da cena provêm justamente do fato de que o universo inteiro, com toda a sua rica multiplicidade, funciona segundo certa ordem. É por isso que se pode dizer que esse primeiro momento é também aquele em que Fílis se encontra num estado de *ingenuidade* e de *integridade* com a própria imagem. Seu amor pela fonte é também amor narcísico por si mesma, compreendido esse "si mesmo" como uma outridade total com a qual o sujeito se identifica inteiramente e com a qual ele não estabeleceu nenhuma espécie de cisão ou conflito.

Esse "amor" narcísico não deve ser abordado moral ou medicamente. É, na forma ideativa como a poesia o apresenta, o amor como princípio criador que conecta, sem falhas, o indivíduo ao universo, que até mesmo o fusiona com esse universo. Ao mesmo tempo, essa integridade está longe de ser descrita com imagens de fixidez ou de rigidez. A fonte e as flores são um "caos agradável", um lugar onde a realidade multiplica suas formas, mas também revela algo de mais fundamental e tocante. Ali tudo é pura revelação de mistério: o magnífico espraiar-se das luzes do olhar de Fílis sobre a delicada agitação das águas, o fluxo intenso dos reflexos. A esse tema finalmente se cola um terceiro, que sugere a ideia do "mundo às avessas". Ao observar o mundo em torno, Fílis é incapaz de saber se são os pássaros que nadam ou se são os peixes que voam. O poeta busca sugerir um estado de *indeterminação* – justamente a espécie de apreensão que Dominique Bouhours, através de Eudoxo, busca extinguir da poesia. Indeterminação que ocorre, portanto, entre Fílis e as águas da fonte, às quais ela está fundida através das luzes que ela e as águas compartilham. Indeterminação com relação aos próprios lugares das coisas na natureza, a qual já não se apresenta segundo sua ordenação comum. A visão se deixa levar por suas manifestações, perde-se em sua contemplação. É, portanto, o desfecho do poema de Habert, com a descrição detalhada da dissolução de Fílis no elemento dessas águas, que nos faz pensar num paralelismo com a lenda de Narciso naquilo que esta possui de uma dialética do eu e do outro.

Transformação e sofrimento

Há outro aspecto embutido nesse espetáculo de transformações que nos remete a Ovídio. A fonte suscita a ideia de contínua transformação e também de um intercâmbio de luzes e emoções que simbolizam um estado beatífico único. As imagens da água do canal lembram, além da lenda de Narciso, a intuição heraclitiniana do devir contínuo das águas. As próprias lágrimas que, no final do poema, Fílis, em seu sofrimento, derrama, retornam ao elemento líquido do canal, fundindo-se a ele, significando ao mesmo tempo dissolução (física) e "re-solução" no elemento primevo. É nesse contexto de contínuas transformações que somos obrigados a refletir sobre os aspectos sugeridos na "afetação" da metamorfose.

Qual o sentido da metamorfose, afinal, no poema de Germain Habert? Pura imaginação preciosa, fantasia espúria, adaptação irrelevante do tema metamórfico ovidiano? De Ovídio há certamente um elemento forte, se pensarmos no próprio título evocativo. No poeta latino a metamorfose surgia ritualmente como um momento de transubstanciação que suscitava a ideia paralela de um sofrimento transformador que se segue a uma experiência que envolve o castigo divino. Um exemplo eloquente é a história de Diana. Ela transforma Actéon em cervo por ter-se permitido espiar a virgem casta ao se banhar na fonte. Na história de Penteu, também narrada por Ovídio, o herói tem seu corpo estraçalhado pelas mênades, por se ter negado a prestar honras ao culto de Baco. Um motivo se repete: o de uma metamorfose dolorosa. Muitas vezes, em Ovídio, a transformação de um ser correspondia à aniquilação dolorosa de sua essência física: um corpo estraçalhado, transformado em outro, que perdia aquilo que fora sua essência. Ele podia se transformar no próprio símbolo de sua perda. Eco se transforma em rochedo, e sua voz passa a ser escutada por todos os que lhe dirigem a voz – imagem comovente e desesperadora do abandono. Condenada a sempre repetir a voz dos outros, mas também congelada, como Níobe, na forma de um rochedo. No fundo dessas transformações dolorosas é explícito o sentimento da prisão fantasmática, em que o sonhador se sente definitivamente desvencilhado de seu ser e encadeado numa fria prisão de pedra. Prisão que significava também a impotência e o congelamento do próprio sentimento, a impossibilidade de lançar a própria voz para além do eu. Por outro lado, a metamorfose em Ovídio raramente aparece como simples astúcia pela qual o deus ou o homem se traveste, procurando assim ludibriar os outros. Estávamos longe do Proteu da *Odisseia*. Esta entidade fantástica era capaz de transformar-se nos seres que bem desejasse. Homero conta o grande triunfo que o astucioso Odisseu teve sobre o velho Proteu, ao conseguir dominar o ciclo e a lógica dessas transformações. Nenhuma dor naquelas metamorfoses. Muito ao contrário, a decepção de Proteu se faz sentir quando descobre seu artifício dominado pelo Odisseu dos múltiplos ardis.

Totalmente diversa é a figuração metamórfica na poesia barroca, da qual "Metamorfose dos Olhos de Fílis em Astros" é um exemplo notável. Nela as figurações metamórficas não têm o sentido positivo de um *dom astucioso,* graças ao qual o herói logra livrar-se de perseguições e colocar-se em situação vantajosa. Certamente, o barroco também conheceu e apreciou a metamorfose proteica. Sem dúvida alguma, a capacidade de adotar diversas facetas e personas é detectável mesmo na tradição picaresca e do teatro dentro do teatro (*mise en abîme*). Na obra de Habert, as imagens de metamorfose e transformação, embora graciosas, quase lúdicas, convidando antes à apreciação despreocupada, tendem a assumir uma profundidade inesperada. Como nas *Metamorfoses* de Ovídio, o imaginário da metamorfose une *dor* e *prazer, estado e transformação, ultrapassagem de um estado regrado para um estado essencial* em que o ser se desvencilha das particularidades definidoras do homem no mundo. A metamorfose, em ambos os casos, em vez de ser qualidade positiva do personagem, simboliza uma transformação *dolorosa* do ser. A dor da mudança, da transformação se equipara a uma *perda temporária de si mesmo, mas ao mesmo tempo uma promessa de reencontro com a plenitude materna na morte.* Em Ovídio, deusas transformam-se em árvores ou em rochas, perdem sua *mobilidade anterior,* são lançadas a uma condição *estática.* Habert, entretanto, parece concentrar suas metamorfoses nas passagens de estados sólidos para os estados líquidos, seguindo a longa tradição imaginária da *dissolução,* da perda e da "re-solução" do corpo sólido em um estado primitivo de simplicidade elementar. Não há, no início do poema, *transformações* metamórficas, mas a "química" luminar compartilhada pelo "canal" e pela pastora Fílis, numa troca irradiante e fértil. Mas tudo isso prepara o terreno imaginário do final do poema, quando Fílis se dissolverá em água e luz e retornará à fonte inicial.

A interferência: Dáfnis e o reflexo

A descrição beatífica da menina à beira da fonte evoca o que Jean Rousset chamou de *inconstância branca*. No entanto, esse momento é intercalado por fatos inquietantes. O momento primordial de fusão com o todo circundante não é negado pelo autor. Há sinais de um *trabalho* silencioso cheio de maus auspícios. É diante o espelho fontanal que se iniciam os processos de impregnação pelo reflexo. Fílis flagra, sobreposta à sua imagem, a figura de Dáfnis. O reflexo narcísico era até então uno, indiviso, simbolizado pela perplexidade amorosa da heroína diante da imagem acariciante das águas. Ele é agora súbita e misteriosamente rompido, outra pessoa intromete-se nessa solitária contemplação. Ela deverá entrar inexoravelmente no ciclo da luz e da procriação, no mundo do calor. Terá de renunciar a seu pleno narcisismo. O amor que une os dois amantes não é tratado festivamente. É visto como um mal necessário.

> À *peine deux Printemps, ennemis des glaçons,*
> *Eurent paré les champs de leurs rouges moissons,*
> *Que Philis oublia sa rigueur ordinaire,*
> *Et connut que l'amour est un mal nécessaire.*
>
> [Mal duas primaveras, inimigas dos gelos,
> Tinham adornado os campos com suas rubras colheitas,
> Quando Fílis esqueceu seu rigor costumeiro,
> E soube que o amor é um mal necessário.]

Dáfnis não é somente o perseguidor de Fílis, ele é o derrotado, o vencido.

Il sied mal de trembler quand on a la victoire,
Et le vainqueur ne doit rougir que de sa gloire...

[É pouco conveniente tremer quando se é vitorioso,
E o vencedor não deve enrubescer senão da própria glória...]

O que seduz Fílis é a ostentação que Dáfnis faz dos grilhões que o ligam à jovem pastora. Essa ostentação revela a inversão das posições do sedutor e do seduzido. A ferida de Dáfnis finda por fazê-la aproximar-se do pastor. As inversões de sentimentos, em vez de se fazerem pela decisão positiva da personagem, são ditadas pelo sentimento culpado. Fílis, que se mostrara "farouche" em tudo, deixa-se raptar pela visão da ferida que ela mesma infligiu. O narrador conclui que ambos "tornaram-se felizes por comuns suplícios", "de seus próprios tormentos fazendo suas delícias". A felicidade não é artigo de partilha, mas de união pelas lágrimas, desejo de partilhar as chagas e encontrar nesse suplício o "monumento" ou a reminiscência das delícias narcísicas. Nós redescobriremos essa união lacrimejante quando Fílis, já no desfecho de seu drama, se dissolve em lágrimas, retornando às águas primordiais. Nessa partilha se ensaia a dissolução. Há uma mecânica de compensação, que substitui o primeiro estado, circular e fechado dentro de si, pelo segundo, que admite um segundo participante, identificado ao antigo reflexo narcísico unificado. Quanto à solidez e à garantia desse estado, são menores do que possuía o primeiro estado de pura contemplação.

Mesmo sendo o perseguidor de Fílis, Dáfnis nem por isso perde a qualidade de vítima (da paixão). A igualdade de poder entre os dois jovens impede qualquer descontinuidade ou inversão momentânea de papéis. Metaforizada em imagem de ferimento, a vitimação é, sem dúvida, um dos grandes *propulsores sensíveis* do poema. A entrega – e, portanto, a perda de si mesmo no outro – só ocorre quando o vitimador encontra em sua vítima os sinais, mesmo que nascentes e incipientes, da desagregação e da morte. Avassalador, o poder sensual e sexual da ostentação vitimária revela, oculta sob o manto de delicadeza do poema, sua subestrutura sadomasoquista. O sentimento do torturador diante do ferimento que infringiu no torturado é menos o de uma consciência culpada que busca reparar por meio da entrega sexual os males cometidos do que o *soupçon* profundo de que a vítima, por ser vítima, é detentora de algo misterioso.

A paixão solar e a inveja do padecimento

É essa suposição que ressurgirá na primeira reviravolta da história, quando o sol se apaixona por Fílis. A pobre e venturosa mortal cai vítima do olhar cobiçoso do sol. Ela aparece a ele como uma "beldade digna de mil altares". Embora se refira também ao aspecto divino de Fílis, essa menção aos altares pode sugerir o fundo do sentimento de que está impregnado o soberano: o do sacrificador a observar a vítima, um segundo antes de consagrá-la sobre sua ara. Quem diz sacrificador fala de sua identificação com a vítima, com a sua dor. Numa das ricas passagens em que se flagra o voyeurismo solar, Fílis está saindo da floresta. O sol a observa, seguindo atentamente seus passos, com interesse estranho e circunspeto. O leitor é convidado a se colocar por trás do sol e a sentir os movimentos – os impulsos subterrâneos – de seu desejo. O sol gostaria de possuir "a glória" dos "ferros" (do amor). Mas não pode possuir Fílis. Está sujeito ao movimento eterno, que o impede de parar e o obriga a não cessar – sempre girando, indo e vindo, candeia arrastando atrás de si todos os tédios. Se os fogos do amor rogam-lhe que pare, a Necessidade o incita a continuar seu périplo celestial. Eis todo o sentido de seu destino. O narrador assinala que esse deus está preso a um desvario que não cabe a um deus, mas só a um humano. Ele deseja ardentemente tornar-se escravo, submeter-se a uma condição de que ele, astro atrelado ao carro da necessidade, está excluído. Senhor de sua necessidade, é também seu servo, carente de ventura real.

Os homens do poema são, paradoxalmente, os verdadeiros venturosos, possuem um porvir aventuroso, cheio de ventura. A ventura aqui aparece não como a felicidade olímpica eterna dos deuses gregos, mas como a própria condição humana voltada à perecibilidade e à mutabilidade. O homem é venturoso porque pode sofrer tanto o bem quanto o mal. Já o sol vive uma condição diversa. Sua eternidade não lhe permite um devir. Ser eterno é sinônimo de desconhecer o sofrimento. Sua condição é sempre ser o mesmo, traçar o mesmíssimo movimento todos os dias, não podendo desfrutar das delícias do sofrimento (e do amor) reservadas ao gênero humano.

Cependant il s'avance où le destin l'appelle,
Fidèle à la Nature, à soi-même infidèle.

[Contudo, ele avança para onde o chama o destino,
Fiel à Natureza, a si mesmo infiel.]

Se os deuses da Antiguidade invejavam Tirésias, um homem, por ele conhecer tanto o gozo feminino quanto o masculino, o sol de Habert explora agora uma faceta nova do desejo divino que envolve a consciência das tensões entre finito e infinito, entre divino e humano, entre físico e metafísico. Nas articulações secretas das esferas celestiais, pinos foram enterrados, para que não haja acaso, para que cada figura tanja seu solitário arco na ordem dada do divino concerto geral. Mas os astros são como os eternos. Conhecem uma indiferença perene, infinda. Somente quando as sombras da melancolia assombram o ser, ele sonha a desagregação. Sonhar a morte lenta, a morte pelo esfacelamento vagaroso, é alívio para quem sente o fardo da necessidade. Assim, o sol está preso à sua dinâmica própria, à necessidade de girar para sempre. A passagem oferece uma exposição rica do pior de todos os estados, o de não poder sofrer, quando os próprios sentidos do sofrimento já não trazem mais o consolo necessário e o homem está condenado a se arrastar, como o sol arrasta no céu o tédio de seus fogos. A ventura dos deuses não é aventurosa. Aquilo com que todo ser humano nasce, a promessa de um dia esvair-se de modo inteiro e positivo e retornar ao nada, assim como a capacidade de experienciar no amor o prelúdio da morte, isso os deuses não conhecerão nunca. Vivem na eterna imutabilidade. Nada lhes pode advir, não conhecem o padecimento na extinção: a eternidade é, para eles, condenação titânica.

Podemos concluir com isso que as apresentações metamórficas e narcísicas estão propensas a instituir entre si um parentesco figural. A transformação metamórfica é o destino reservado aos que vivem no limiar do mundo. Quando se transformam, cumprem uma destinação que termina com uma morte que é, ao mesmo tempo, dolorosa e aliviadora, fundindo dor e consolo na única imagem da desagregação. Aqui encontramos uma especificidade polarizadora na obra de Habert que não se encontrava certamente em Ovídio. Neste, todos os seres, mortais ou imortais, eram potencialmente atingidos pelo "castigo" ou pela "pena" da metamorfose – e muitas vezes sofriam-na até mesmo para serem punidos por alguma transgressão. Em Habert, uma polarização entre a potencialidade humana ao sofrimento e a impotência dos deuses ao padecimento se faz sentir na segunda metade do poema, onde se conta a história da paixão do sol por Fílis.

> Os tributos são dois, a vida & a isenção,
> Mas o tempo da paga está nas mãos da Sorte,
> Para o amor há uma hora & também para a morte.
> Virá em tempo certo, & seu peito obstinado,
> Fugirá do pastor, mas não do destinado,
> A Dáfnis quer o Céu que o seu querer o agrade
> E seu livro de bronze a condena às suas grades.

Se a Antiguidade representava os deuses tais como são, ou seja, segundo suas funções em um sistema, observamos agora uma hibridização: o desejo (humano) transforma a função divina em sofrimento pelo não poder sofrer. Assim, os paradoxos aglomeram-se no poema para mostrar a condição excepcional vivida pelo sol. Ele é deus a sonhar-se humano, que aspira ao sofrer. Sonha em queimar seu fogo até sua extinção total, a fim de reencontrar a substância final do amor. Ele teria preferido trocar sua condição de Necessidade por uma ventura humana plena de padecimento. Para ele, nenhuma extinção, nenhum esfacelamento, nenhuma *katharsis* verídica: só a monotonia de seu poder e sua eternidade incontestável, jamais o gozo pungente da perecibilidade.

Quando o sol finalmente for à procura do objeto de seu amor, ele será prontamente rejeitado. Descobre que tem um rival, pensa em se vingar. Faz seu olhar solar varrer rios, pântanos, aquecendo-os, fazendo subir no ar seus vapores funestos e pestilentos. Irado por ter sido rejeitado, já não se preocupa mais com seu nome: forma, em torno de seu rival, as pestilências cegadoras. Ele se alia a todos os outros elementos. O céu, ciente de sua penosa experiência, lança das alturas, em mil corpúsculos, as mortes secretas. Desce das alturas uma serpente que tudo contamina, derramando seu veneno em todos os lugares, atingindo enfim o "pastor miserável" com os venenos conjugados. Tudo no poema são solução e dissolução, agregação e desagregação. Mais do que isso, o poeta insiste em mostrar as imagens de dissolução analiticamente, para que o espetáculo da morte se faça revelar ao longo de uma sequência temporal. Na morte de Dáfnis, são os próprios átomos que se rebelam e se desagregam.

A transformação do corpo de Dáfnis em átomos e numa matéria cada vez mais simples inicia o ciclo das metamorfoses dolorosas. Observando essa desagregação espetacular, o sol sofre ainda mais sua condição. Está condenado a ter de observar o padecimento, sem poder participar dele, ele que não pode morrer. Vitorioso, tendo levado à morte seu rival, é um derrotado. A morte de Dáfnis e o correspondente sofrimento de Fílis apenas multiplicam seu desespero e seu fascínio pela condição passiva humana. A vitimação é uma experiência eminentemente humana e, ao ocasioná-la por meio da morte e do assassinato, o sol apenas intensifica a estranha e misteriosa glória que esse ato passivo parece comportar. O espetáculo da dor de Fílis, essa exibição do abandono de si no sofrimento da perda, choca o sol, fazendo sentir o poder daquilo que ignora, a fraqueza: e aqui, naturalmente, numa dialética de reações, o paradoxo se instaura *ad infinitum*.[18]

Ele não terá sua desejada morte. Fílis conclama seu amante falecido a levá-la com ele até as sombras. Esse desejo será atendido, e Fílis retorna às águas maternais, ao elemento narcísico primeiro do qual fora arrancada pelo primeiro reflexo. As lágrimas, chamadas com propriedade de "úmidas crianças de uma dor amarga", dissolvem-se diante de sua "mãe" numa imagem fusional no estado caótico, emblema do reflexo narcísico anterior ao reflexo complexo. Na passagem seguinte há um intrincado jogo de imagens: os olhos de Fílis são associados aos "*miroirs*", ao próprio gênio dos reflexos. Os olhos-espelhos fundem-se como o próprio gelo, são devolvidos às águas, retornando ao estado indefinido inicial. Com o sacrifício da heroína, finda o trajeto que iniciara com a "confusão" de imagens diante da fonte, quando se enxertou ao olhar narcísico de Fílis a imagem desejável de Dáfnis. Esse processo doloroso, desde a fonte, desde um estado de frescor e plenitude, deveria encontrar seu termo no sacrifício, cujo esfacelamento é aqui representado pela dissolução do espelho das geminações. O ser retorna a si mesmo plenamente, ele encontra-se consigo mesmo no instante em que a fatalidade é inteira e total.

O poema de Germain Habert condensa, num espaço relativamente curto, todo um *pathos* alegórico. Uma de suas qualidades é o

---

[18] Um acontecimento similar encontra-se na novela *The Beast in the Jungle*, de Henry James. Na derradeira cena, Marcher, personagem principal da história, caminhando no cemitério, onde fora visitar o túmulo de sua antiga amiga, passa por outro visitante, em cujo rosto flagra *todas as marcas* da mais profunda dor, uma dor que o atinge (*pang*) violentamente como uma acusação.

uso que faz da alegoria. A mais notável delas associa o sol ao conceito de Necessidade. Seu sentido não se esgota no conceito a que supostamente a alegoria remete. Dramatizada e complexificada pelo uso "artificioso" da linguagem, a figuração do astro-rei ativa toda uma região profunda da experiência psíquica: a sensação dúbia de impotência e potência, de força e fraqueza, de capacidade e de incapacidade. A alegoria ali ocupa um lugar estratégico entre uma ilustração para um conceito e uma figuração que está apta a sublinhar, com mais nitidez, um conflito ou uma sensação que restaria velada sem o concurso da alegoria "conceptualizante". É óbvio que o valor de soberania do sol encarna também o ideal do soberano barroco, cuja possessão de um imenso poder nunca existe sem uma concomitante restrição: o soberano é intocável e inviolável, mas ele se assemelha a Deus ou aos deuses por não ter acesso ao padecimento.

Essa inversão ardilosa do valor da "constância" reservada aos imortais é um exemplo dos recursos expressivos que a arte alegórica do barroco ofereceu aos artistas. Historicamente, esse ideal de constância estava previamente circunscrito pelas abstrações a que a teologia submetera as representações de Deus, desdramatizando-as, tornando-as estáticas e, finalmente, compondo-as com a abstração de sua absoluta onisciência e perfeição. Aos homens reservava-se a imperfeição e a fraqueza, a limitação do saber incapaz de abranger a totalidade do universo e seu segredo; a Deus, a mais alta das abstrações nas ideias de perfeição e de onisciência – assim Deus tornava-se um mero *ens rationis*.

A concepção de destino sugerida pela narrativa do poema e por seu intrincado jogo de imagens não poderia, por outro lado, ser confundida com um discurso de sua aceitação estoica, segundo o qual o homem deve acumular a sabedoria e os esforços aptos a protegê-lo das surpresas reservadas aos seres perecíveis que somos. O estoicismo, do alto de seus magníficos ideais, desdenha o sofrimento por ser obra justamente da esperança que o homem depositava em coisas inteiramente passageiras. Ele diz ao homem para não se deixar surpreender: ele lhe ensina, em última instância, uma moral de total negação do padecimento, para que ele se converta numa fortaleza pronta a resistir aos assaltos do turbilhão do tempo, torne-se totalmente senhor de si nas instâncias superiores. Se a força dominante forçá-lo a cometer aquilo que é contra seu ideal de *apatia*, esse homem pode sempre se tirar a vida. No entanto, onde as condições para essa autossoberania eram procuradas, encontra-se também o resfriamento da vida. No ato de se converter em fortaleza e dique, o homem terá de renunciar mesmo àquelas coisas, boas ou más, prazerosas ou doloridas, sem as quais a ventura humana é só um cogitar infindo com o vento. Nos personagens humanos de Habert, em contraste, o *sofrimento* é vivido em sua plenitude. O caráter elementar das transmutações corporais e a confusão dançante dos corpos, dos olhos, das luzes e das águas são aspectos de uma existência totalmente entregue ao ritmo do tempo e da natureza. Fílis é movimento constante. Primeiro como luz espraiando-se sobre a fecunda superfície das ondas; segundo, como jovem em fuga; terceiro, como alguém que retorna ao conforto de uma não existência elementar, confundida com as águas fecundas. Essas imagens dão a medida da plenitude do homem que, em seu existir, abraça toda a sua "cota" de prazeres, dores e padecimentos, fiel ao movimento irresistível da natureza.

Referências

BACHELARD, Gaston. *La Formation de l'Esprit Scientifique*. Paris: Vrin, 1996.

BLOCH, Marc. *Les Rois Thaumaturges*. Paris: Gallimard, 1983.

BOAISTUAU, Pierre. *[Le] Theatre du Monde: Où il Est Faict un Ample Discours des Miseres Humaines* / Compose en Latin par P. Boaistuau, puis Traduit par lui-même en Français. Anvers. MDLXXX.

BOUHOURS, Dominique. *La Maniere de Bien Penser dans les Ouvrages d'Esprit, Dialogues*. Vve de S. Mabre-Cramoisy. Paris, 1687.

BOURSAULT, Edme. *La Metamorphose des Yeux de Philis: Changez en Astres, Pastorale Representee par la Troup Royale, et Mise au Theatre par M. Boursault*. Paris: N. Pépingué, 1665.

DE LA BARCA, Pedro Calderón. *La Vida es Sueño*. Madrid: Catedra, 1992.

HATZFELD, Helmut Anthony. *Estudos sobre o Barroco*. São Paulo: Perspectiva, 2002.

KANTOROWICZ, Ernst. *Les Deux Corps du Roi. Essai sur la Théologie Politique au Moyen-Âge*. Paris: Gallimard, 1989.

KOPER, Peter T. "The Girl by the Water: Images of Aphrodite as Mediated Desire". In: *Anthropoetics* 9, n. 2, outono de 2003 / inverno de 2004.

LA VIE du Cardinal de Bérulle: Instituteur et Premier Superieur General de la Congrégation de l'Oratoire de Jésus-Christ notre Seigneur; Retraitte faite par le Cardinal de Bérulle à Verdun ([Reprod.]) / par Germain Habert, abbé de Cerisy.

Les Sentimens de l'Academie Françoise sur la Tragi-comedie du Cid. A Paris, En la Boutique de G. Quinet, au Palais, à l'Entrée de la Gallerie des Prisonniers, à l'Ange Gabriel. MDCLXXVIII. Avec Privilege du Roy.

Metamorphose des Yeux de Philis en Astres. Derniére Edition. A Paris. Chez Antoine de Sommaville, au Palais, dans la petite Salle, à l'Escu de France. MDCXLIX.

Néraudau, Jean-Pierre. *L'Olympe du Roi-Soleil*. Paris: Les Belles Lettres, 1986.

Pillorget, René e Pillorget, Suzanne. *France Baroque, France Classique*. Paris: Laffont, 1995.

Racine, *Oeuvres Complètes*. Ed. Raymond Picard. Paris: Gallimard, 1950.

Rousset, Jean. *Anthologie de la Poésie Baroque Française*. Paris: Armand Colin, 1961.

Spina, Segismundo. *A Lírica Trovadoresca*. São Paulo: Perspectiva, 1991.

METAMORPHOSE
DES YEVX DE
PHILIS
EN ASTRES.

Beaux ennemis du iour dont les fueillages sombres
Conseruent le repos, le silence & les ombres;
Confidens immortels des âges & des temps,
Vieux enfans de la Terre, agreables Titans,
Qui iusques dans le Ciel sans crainte du tonnerre,
Allez faire au Soleil vne innocente guerre;
Chesnes, Palais sacrez de nos premiers Ayeux,
Conseillers des humains, Interpretes des Dieux,
Ie ne suis point venu dans cette nuit obscure
Rechercher les secrets de la Race future,
Et sans rendre presens les siecles à venir,
Ie ne veux consulter que vostre souuenir.
L'vnique ambition qui flatte ma pensee
Est d'apprendre de vous vne chose passee,
De sçauoir de Daphnis le trespas malheureux,
De sçauoir de Philis les regrets amoureux,

A ij

METAMORFOSE
DOS OLHOS DE
FÍLIS
EM ASTROS

Belo rival da luz cujas folhas escuras
Conservam o repouso, os silêncios & as negruras;
Confidente eternal das eras & idades,
Velho filho da terra, agradável deidade,
Que até o mais alto céu sem temer trovoada,
Já vais levar ao sol a guerra imaculada;
Carvalho, sacro paço & lar dos ancestrais,
Profeta divinal que aos humanos guiais,
Eu não vim até aqui a essa noite obscura
O mistério buscar de uma Raça futura,
E sem tornar atuais as vindouras estanças,
Quero só consultar tua boa lembrança.
A única ambição que me atiça o sentido
É conhecer de ti um fato já vertido,
De Dáfnis conhecer o destino inditoso
De Fílis conhecer o pesar amoroso,

Comme elle eut pour vn mort vne flame viuante,
Et fut changee enfin pour estre trop constante.
Fauorables témoins de leurs chastes desirs
Qui vistes leurs douleurs, qui vistes leurs plaisirs,
Si d'vn semblable trait vostre ame fut touchee,
Decouurez-moy l'ardeur que vous auez cachee,
Et n'apprehendez pas en l'exposant au iour
D'introduire vn profane aux mysteres d'Amour.

  Sous des Astres benins, & de qui l'influence
Garde encor auiourd'huy sa premiere innocence,
Des arbres consacrez au Monarque des Dieux,
Se vont offrir à luy iusques dedans les Cieux:
Loin d'eux-mesmes cherchans des routes incognuës,
De leurs bras orgueilleux ils embrassent les nuës,
Leurs troncs vastes & grands, des peuples respectez,
Sont de cent demy-Dieux les viuantes Citez,
Et leurs rameaux espais sous leurs feüilles tremblātes
Cachent de mille oyseaux les familles errantes.
Dans ce riant sejour, ces hostes sans souci
Celebrent ces beautez qu'ils augmentent aussi;
Les Nymphes pour ouyr leurs charmantes merueilles,
Entr'ouurent leur escorce & prestent leurs oreilles,
Puis leur pied retraçant leurs sçauantes leçons,
Marque en ses pas diuers, leurs diuerses chansons,
Et sur vn tendre émail de mousse & de fougere,
Imprime de leurs soins vne image legere.
Au milieu de ce bois vn liquide cristal
En tombant d'vn rocher forme vn large canal,

De como amou um morto com fogo abrasante
E enfim se transformou por ser muito constante.
Propícia testemunha em seus castos quereres
Que deles viste a dor e também os prazeres,
Se de uma seta igual tua alma foi tocada,
Revela-me a paixão que inda tens ocultada,
E, ao expô-la à clara luz, não tenhas nem temor
De admitir um profano aos mistérios do Amor.
Sob os astros do céu cuja boa influência
Ainda hoje guarda a primeva inocência,
Uma árvore ofertada ao cetro divinal,
Já rumo a ele vai no vasto celestial.
E de si se afastando em trajeto ignorado,
As nuvens o seu braço arrebata aprumado,
Seus vastos troncos, tão amados pelas gentes,
São de cem semideuses cidades luzentes,
E sua copa espessa esconde de aves mil,
Sob a folhagem trêmula, um povo erradio.
Nesse alegre local, esses serenos filhos,
Celebram a beleza e somam-lhe os seus brilhos.
As Ninfas para ouvir-lhes os cantos divinos
Entreabrem o casco atentas aos seus hinos,
E seu pé retraçando as suas sábias lições,
Marca rápido o passo das várias canções.
E no esmalte macio de musgo e relva escura,
Imprime de seu zelo uma leve figura.
No meio deste bosque um líquido cristal
Ao cair de um rochedo abre um largo canal,

Qui comme vn beau miroir, dans sa glace inconstante
Fait de tous ses voisins la peinture mouuante ,
Les secrets de son sein sont ouuerts à chacun,
Plus il se monstre pur, plus il se rend commun,
Et decouurant son lit aux plus foibles œillades ,
Il trahit la pudeur de ses chastes Naïades,
C'est là, par vn Chaos agreable, & nouueau
Que la Terre & le Ciel se rencontrent dans l'eau ;
C'est là, que l'œil souffrant de douces impostures,
Confonds tous les objets auecque leurs figures,
C'est là, que sur vn arbre il croit voir les poissons,
Qu'il trouue les oyseaux auprez des ameçons,
Et que le sens charmé d'vne trompeuse Idole,
Doute si l'oyseau nage, ou si le poisson vole.
C'est là qu'vne Bergere estalant ses attraits ,
Fait en se regardant de plus nobles portraits,
Quand le genou courbé sur les fleurs du riuage,
Elle vient arrouser celles de son visage,
Qui remplissant les eaux de feux & de clartez,
Pour vn peu d'ornement leur rend mille beautez.
Par tout où d'vn regard elle eschauffe les ondes,
En de nouueaux appas elle les rend fecondes,
Elle n'est plus vnique & les flots embellis,
Aussi bien que la terre ont vne autre Philis.

Infortuné tesmoin d'vne si haute gloire,
Daphnis, qui sceus trop bien la peindre en ta memoire,
Que le Ciel t'eust chery, si ce portrait fatal
S'y fust esuanoüy comme dans ce cristal.

Que como um belo espelho em seu vidro inconstante
Faz de todos em volta uma imagem ondulante,
Seu segredo mais imo se abre a qualquer um
Quanto mais puro for, mais se torna comum,
E revelando o leito às fugazes olhadas
Ele trai o pudor de suas castas Naiadas,
É lá que, por um caos, agradável & recente,
Encontram-se terra & céu na lúcida corrente,
É lá que a vista, presa a doces imposturas,
Confunde as coisas todas com suas figuras.
É lá que crê enxergar os peixes sobre os galhos
Que encontra as aves leves perto dos cascalhos,
E que o olhar à mercê de deusa enganadora
Não sabe se ave nada ou se o peixe revoa.
É lá que uma pastora exibindo amavios,
Esboça ao se olhar os mais nobres feitios,
Quando, o joelho curvado às flores da ribeira,
Rega as pétalas brancas da face fagueira,
Que preenchendo a fonte em fogos & fulgores
Por qualquer atavio dá feixes de mil cores.
Onde quer que com o olhar aqueça as ondas fundas
Dos mais novos encantos as torna fecundas,
Ela já não está só & a água, agora bela,
Como a terra nutriz outra Fílis revela.
Testemunha infeliz de tão ingente glória,
Dáfnis, que soube bem pintá-la em tua memória,
Como o céu te amaria se a imagem fatal
Se dissipasse assim como nesse cristal.

Ah! que l'heur de tes yeux cousta cher à ton ame ?
Ton mal te plut d'abord, & ta naissante flame
Fut comme un feu de joye allumé dans ton cœur,
Dont le vaincu voulut honorer le vainqueur.
Mais enfin son ardeur deuora tes entrailles,
Et ce feu n'esclaira que pour tes funerailles.
Daphnis en qui les Dieux assemblans leurs thresors,
Firent une belle ame hostesse d'un beau corps,
Suiuant un rauisseur, dont la gueule sanglante
Emportoit dans les bois une brebis mourante;
Desia son iuste fer luy mesurant le flanc,
Cherchoit à se noyer dans les flots de son sang,
Quād Philis d'un regard qui peut tout mettre en cendre,
Reduisit l'assaillant au point de se defendre,
Et d'un coup innocent luy donnant le trépas,
Le prit en des fillets qu'elle ne tendoit pas.
Comme si les rayons des yeux de la Bergere
Auoient purifié le feu de sa colere,
Vne fureur plus noble est maistresse à son tour,
Et son cœur n'a plus rien que des flames d'amour,
Vne agreable nuit qu'un trop grand iour enuoye,
Desrobe à ses regards, le larron & la proye,
Et luy-mesme deuient par un autre destin,
D'un autre rauisseur la proye & le butin.

  Cependant cette belle esgallement atteinte
Des mouuemens diuers de pudeur & de crainte,
A ces deux passions se laisse partager,
Et ne sçait qui fuir, du Loup, ou du Berger.

Ah! Tua alma pagou por ver esse clarão!
Teu mal te seduziu & tua nova paixão
Foi tal um gozo aceso a esbrasear de ardor
Com que o vencido quis honrar o vencedor.
Mas enfim sua paixão devorou teu regaço
E esse fogo alumiou somente o teu ocaso.
Dáfnis em quem o deus reunindo suas rarezas
Um belo corpo uniu a uma alma de belezas
Perseguindo um raptor, cuja bocarra imunda
Arrastou pelo bosque a ovelha moribunda;
Reptou seu justo ferro medindo o esguelhão,
Buscava se lavar no sangue em gorgolhão,
Quando Fílis com o olhar que ateia fogo em tudo
Constrangeu o atacante a debandar em fuga
E com golpe inocente o lançando no breu
Numa rede o prendeu que nem mesmo teceu.
Como se os raios frios dos olhos da pastora
Depurassem-lhe o ardor da ira destruidora
Uma fúria mais nobre detém o poder
E em seu peito só resta a chama do querer.
Uma noite gentil que um dia longo areia,
Rouba de seu olhar o ladrão & a preia,
E ele próprio se torna por um novo fado
A mais outro raptor o espólio roubado.
Entretanto essa bela imersa bem em meio
De várias emoções de pudor e receio,
Não sabe a que paixão dedicar seu ardor
E de quem escapar, do lobo ou do pastor.

L'amant & l'ennemy font des effets femblables,
Tous deux luy font nouueaux, & tous deux redoutable
Et la peur qui l'appelle en des lieux differents,
Rend fon corps immobile & fes defirs errants :
Quiconque en ce fpectacle euft eu des yeux fidelles,
Euft veu de nouueaux lys, & des rofes nouuelles :
Son teint eftoit le champ de ces diuerfes fleurs,
Et chaque paffion y peignoit fes couleurs.
La crainte qui du cœur montoit dans le vifage,
A la feule blancheur donnoit tout l'aduantage,
Puis la honte, au fecours amenant la rougeur,
Venoit rendre à Philis les larcins de la peur.
Si bien que reprenant fa naifue peinture,
Deux effets violens reparoient la nature,
Et laiffant dans leur guerre vne image de paix,
Rendoient cette beauté plus belle que iamais.

 Toutesfois ie vous plains, ô Bergere adorable,
Mais ie plains plus que vous ce Berger miferable,
Ce Berger, qui defia tout percé de vos coups
Va s'attirer encore vn iniufte courroux.
Qui va commettre vn crime en vous difant fa peine,
Et d'vn foufpir d'amour allumer voftre haine.

 Deeffe, vous dit-il, à qui i'offre ma foy,
Laiffez & crainte, & honte aux vaincus comme moy.
Il fied mal de trembler quand on a la victoire,
Et le vainqueur ne doit rougir que de fa gloire,
Si toutefois c'eft gloire à vos charmes fi doux,
De faire vn prifonnier fi peu digne de vous,

O amante e o ser hostil lhe são tão parecidos
São-lhe novos os dois e ambos tão temidos,
E o temor o convida a locais discordantes,
Torna seu corpo hirto e os desejos errantes:
Quem esta cena visse com olhos fiéis
Veria um novo lírio e mais rosas novéis:
Seu rosto era o campo de variadas flores,
E ali cada paixão pintava suas cores.
O temor que do peito subia até a cerviz,
À sua pura brancura deu novo matiz,
E a vergonha, em socorro trazendo o rubor,
A Fílis devolvia os furtos do temor.
Embora retomando a nativa pintura,
Dois efeitos brutais recompunham a natura,
E deixando no embate um rosto de quietude
Alçavam-lhe a beleza à maior plenitude.
Porém, choro por ti, ó pastora adorável,
Mas choro mais ainda o pastor miserável,
O pastor que ferido em teu duro castigo,
Há de atrair ainda um frenesim iníquo.
Que um crime vai fazer dizendo tua aflição,
E com queixas de amor excita tua aversão.
Ó Deusa, ele diz, a quem dou minha fé,
Deixa o pejo e o temor a quem sofreu revés.
Não senta bem tremer quando se tem vitória,
E quem vence só deve corar pela glória,
Se contudo é uma glória ao teu ameno encanto
Tornar cativo a quem não te merece tanto,

Et qui plus honoré, que pressé de vos gesnes,
Pour vnique faueur vous demande des chaisnes,
Oüy des fers, sont l'obiet de mon ambition,
Accordez m'en par grace, ou par punition,
Fauorable Maistresse, ou Iuge impitoyable,
Arrestez vn Amant, ou liez vn coupable,
Et me donnés le sort, qu'enfin i'ay merité
Par vn excez, d'amour, ou de temerité.

 Au seul nom de l'Amour, ce miracle des Belles
Fuit, & semble soudain en emprunter les aisles:
Son erreur luy depeint ce petit Dieu des Dieux,
Aussi cruel par tout, comme il est dans ses yeux,
Et son cœur, où iamais on ne le vit parestre,
Le conçoit seulement tel qu'elle le fait naistre.
D'vn pied viste elle court loin de l'embrasement,
Et comme tout pour elle est plus doux qu'vn Amant,
Elle fend les buissons au peril des blessures,
Et ne craint que du cœur les bruslantes piquûres,
Mais toute la nature a peur pour ses attraits
Chaque buisson retient la pointe de ses traits.
Par respect il s'entr'ouure, & semble qu'il essaye
A faire en s'escartant comme vne double haye,
Où si l'espine auance, elle donne en passant
Aux roses de sa ioüe vn baiser innocent,
Seulement dans sa course vne ronce insolante
Retint de ses cheueux la richesse volante,
Et prenant pour rançon vne part du thresor,
Parut toute superbe en ce vestement d'or,

           Si bien

E que menos ferido que honrado em tuas geenas,
Por único favor te implora por algemas;
Sim! Ferros são o objeto de minha ambição,
Concede-me por graça ou então por punição,
Favorável senhora ou Juiz impiedoso,
Aprisiona um Amante ou ata um culposo,
E o fado então me dê do qual eu sou credor,
Por tanta intrepidez, por excesso de amor.
Ao só nome do amor, o encanto das zagalas
Foge, e parece ter o leve dom das alas:
Seu erro lhe figura esse pequeno deus,
Aqui e ali, cruel, como nos olhos seus,
E seu peito onde o deus nunca se pôde ver,
O concebe tão só como ela o faz nascer.
Com pé presto, ela foge ao contato abrasante,
E como pra ela tudo é mais doce que o amante,
Corta a moita arriscando sofrer ferimentos,
E só teme do peito os acres mordimentos,
Mas a natura inteira teme por sua graça,
A ponta de suas setas prende-se à sarça,
E, dócil, se entreabre, e, jeitoso, franqueia,
Ao furtar-se à passagem, uma dupla fileira,
Onde, se o espinho avança, entrega logo à frente
Às rosas de suas faces um beijo inocente,
Somente em sua corrida a sarça petulante
Retém de sua crina o louro esvoaçante
E ao pegar em resgate parte do tesouro,
Formidável ficou com vestes cor de ouro,

Si bien que le Berger qui suiuant la cruelle
Alloit apres son cœur, qui fuyoit auec elle,
Trouuant ces beaux filets que l'Amour luy tendoit,
Par vn heureux malheur eut ce qu'il demandoit.

 Mais voyez, ô Philis, son respect & sa joye,
Regardez comme il est le butin de sa proye,
Par vn si doux exemple instruisez vostre cœur,
Et iugez s'il faut craindre vn si noble vainqueur.

 Toutesfois, pour ce coup en vain ie l'y conuie,
Chacun doit deux tributs, la franchise, & la vie,
Mais le temps de payer est dans la main du Sort,
Et l'amour a son heure, aussi bien que la mort.
Elle viendra cette heure, & son ame obstinée,
Peut fuyr vn Berger, mais non la destinée,
Le Ciel veut qu'à Daphnis ses desirs soient offerts,
Et son liure d'airain la condamne à ses fers.

 A peine les glaçons, tyrans des belles choses,
Eurent deux fois fait place à la pompe des roses,
A peine deux Printemps, ennemis des glaçons,
Eurent paré les champs de leurs rouges moissons,
Que Philis oublia sa rigueur ordinaire,
Et connut que l'amour est vn mal necessaire,
Son cœur aux premiers coups se defend constamment,
Et d'abord elle rend ses beaux yeux seulement,
Seulement moins timide, & non pas plus humaine,
Elle ose contempler & Daphnis, & sa peine,
Et d'vn mesme regard qui n'est plus estonné,
Blesse, & voit sans frayeur le coup qu'elle a donné,

B

Ainda que o pastor que seguia a cruel
Fosse atrás de seu peito fugaz e revel,
Achando os belos laços que Amor lhe estendia,
Por feliz desventura, teve o que pedia.
Mas, Fílis, olha bem sua alegria e largueza
Vê bem como ele é o espólio de sua presa,
Com exemplo tão doce instrui o peito teu,
Vê se cumpre temer o nobre que venceu.
Porém, a esse golpe eu a convido em vão,
Os tributos são dois, a vida e a isenção,
Mas o tempo da paga está nas mãos da sorte,
Para o amor há uma hora e também para a morte.
Virá em tempo certo e seu peito obstinado,
Fugirá do pastor, mas não do destinado,
A Dáfnis quer o céu que o seu querer agrade,
E seu livro de bronze a condena às suas grades.
Mal tinha o gelo frio, algoz das coisas belas,
Duas vezes coberto roseiras singelas,
Mal tinham dois Abris, hostis ao inverno anil,
Engalanado a alfombra com safra gentil,
E Fílis esqueceu seu rigor ordinário,
Descobrindo que o amor é um mal necessário,
Aos golpes iniciais se furta normalmente
E no começo entrega os bons olhos somente,
Mas menos acanhada e não mais humana,
Ousa Dáfnis fitar e sua dor insana,
E com o mesmo olhar, sem revelar surpresa
Fere e vê sem temor o golpe em sua presa,

Puis elle cherche en luy d'vne vaine pourſuite,
Ce qui fut autresfois le ſujet de ſa fuite:
Elle cherche par tout; & ne s'apperçoit pas
Que par tout elle trouue vne embuſche d'appas,
Et que dãs ce faux biẽ, qu'elle doit longtẽps plaindre,
Tout ce qu'il luy va plaire eſt ce qu'elle doit craindre.
Deſia les ſens rendus attaquent la raiſon,
Et chaque regard porte, & rapporte vn poiſon,
Deſia de tous coſtez où ſon deſir la guide,
L'image du bleſſé pourſuit ſon homicide,
Et comme vne belle ombre, auec vn doux effort,
Vient venger en tous lieux vne auſſi douce mort.

 Enfin ce beau vainqueur luy fait rendre les armes,
Enfin de ſes ſoûpirs elle ſeche ſes larmes,
Ces deux Amans parfaits, de meſme feux épris,
En partageant leurs ſoins, vniſſent leurs eſprits,
Et deuenus heureux par de communs ſupplices,
De leurs propres tourmens ils forment leurs delices.

 Viuez heureux amans, & parmy les plaiſirs,
Voyez couler vos ans, & croiſtre vos deſirs,
Qu'vne ſi belle vie entre les jeux paſſée,
Ne ſoit rien que d'amour vne longue penſée;
Et que ſur vous les Dieux verſent des biens ſi doux,
Qu'en vous rendant contens ils deuiennent jaloux:
Ou pluſtoſt que les Dieux gouuernans leur tonnerre,
Vous puiſſent oublier en vn coin de la terre,
Et que veillant au ſort du reſte des humains,
Ils ferment ſur le voſtre & les yeux & les mains.

Quanto mais busca nele de uma vã caçada
O que foi a razão de sua própria escapada;
Busca em todo lugar, porém não vê nem sente
Que encontra aqui e ali a emboscada atraente,
E que no falso bem que lhe trará plangores
Todo prazer virá do que lhe dá temores.
Já os sentidos, rendidos, atacam a razão,
E cada olhar comporta e aporta uma poção,
Já onde quer que a guie o desejo inopino,
A imagem do ferido acossa o assassino,
E tal vulto loução, num empenho jeitoso,
Vinga em todo lugar seu trespasse ditoso.
Já entrega sua arma ao belo vencedor,
Dos seus suspiros seca as lágrimas de dor,
Essa dupla perfeita acesa num só fogo
Suas almas se amalgamam num imenso jogo
E felizes agora nas comuns sevícias,
Na sua própria aflição encontram mil delícias.
Vivei, faustos amantes, e em meio aos desejos,
Vede evolver o tempo e os gozos benfazejos,
Que uma vida tão bela entre jogos passada
Seja a vida no amor longamente pensada;
Que os deuses sobre vós derramem a ambrosia
Que ao vos fazer felizes os levam à azedia,
Ou que os deuses chefiando o estampido do céu
Possam vos esquecer num canto do vergel,
E que vigiando a sorte dos homens irmãos,
Encerrem sobre a vossa os olhos e as mãos.

Vostre amour vous suffit pour vous donner leur gloire,
Il esgale vos fers à leur throsne d'yuoire,
Sans auoir tous leurs soins, vous auez ce qu'ils ont :
Et sans estre comme eux, vous estes ce qu'ils sont :
C'est assez seulement que leur grandeur supréme
Se vueille comme vous contenter d'elle-mesme,
Qu'ils gardent dans le Ciel & le mal & le bien,
Ils vous donnent assez s'ils ne vous ostent rien.

  Mais, ô Beauté diuine, à qui toute autre cede,
Vn Dieu ne peut souffrir qu'vn homme vous possede,
L'Astre du iour vous voit, il deuient amoureux,
Et par son amour seule il fait trois malheureux.

  Le Soleil descendu sur la riue de l'onde
Estoit prest de partir pour voir vn autre monde,
Et porter dans vn char qui trauerse les eaux,
Les richesses du iour a des peuples nouueaux,
Quand ses yeux languissans, & sa foible paupiere,
Qui iettoit à long traits des restes de lumiere,
Virent cette Beauté, digne de mille autels,
Et d'vn regard mourant, prirent des feux mortels.

  Elle sortoit du bois, & sur le bord encore,
A l'ombre de Diane, elle regardoit Flore,
Flore, qui ranimoit ses riches ornemens
Auec les doux soûpirs de ses legers Amants,
Et taschant d'arrester ces petits Roys des plaines,
Ouuroit son sein riant à leurs fraisches haleines,
Qui luy rendant la vie en pillant ses odeurs
D'vn humide baiser appaisoient ses ardeurs.

B ij

O vosso amor vos dá a glória dos Sem-fim
Iguala vosso ferro a sólios de marfim,
Possuís o que eles têm, sem o peso do afã,
E sem lhes ser iguais, vós sois o que eles são:
Já basta que somente sua imensa excelência
Como vós se contente com a própria essência,
Que eles guardem no Céu tanto o mal como o bem,
Já é muito se em furtar-vos os deuses se abstêm.
Mas, Beleza divina, que não há quem suplante,
Um Deus não quer deixar que um homem te imante,
Em ver-te o sol sentiu clarões apaixonados,
E só por seu amor faz três desventurados.
Seu raio após descer sobre o oceano fundo,
Estava pronto a ver as costas do outro mundo
E levar em seu carro pelos mares covos
As riquezas do dia a povoados novos,
Quando os olhos sem força e os langorosos cílios
Que lançavam ao redor o resto de seus brilhos,
Viram a graça louçã, digna de mil altares,
E seu olhar queimou já morrendo nos mares.
Do bosque ela saiu, e nas bordas agora,
À sombra de Diana, olhava a deusa Flora,
Flora, que avigorou seu colar de diamantes
Com os suspiros de mel de seus leves amantes,
Que se pondo a deter os Reis-anões das chãs
Abria o seio alegre aos seus frescos elãs,
Que lhe entregando a vida ao pilhar seus odores,
Beijando-a, punham fim ao seu fogo de ardores.

Mais voila tout d'vn coup la Deeſſe vengée,
Et du Dieu des ſaiſons la fortune changée,
Celuy qui bruſloit tout eſt luy-meſme enflamé,
Ce grand feu conſumant luy-meſme eſt conſumé,
Les Amours tous brillans, & de flame & de gloire,
Suiuent leur priſonnier en chantant leur victoire.
Et dans ce char bruſlant, mais plus bruſlant encor,
Font de nouueaux rayons par leur plumage d'or,
Auec vn doux plaiſir ils paſſent l'onde amere,
Ioyeux de triompher au pays de leur Mere,
Et de punir celuy, dont le iour indiſcret
Fit vn crime public de ſon amour ſecret.
Il s'en va leur payer par de cruelles geſnes
Le trop viſible affront des inuiſibles chaiſnes,
Et connoiſtre à la fin par ſes propres tourmens,
Qu'on doit moins accuſer que plaindre les Amants.

 Cependant il s'auance où le deſtin l'appelle,
Fidelle à la Nature, à ſoy-meſme infidelle,
Il fuit loin de l'objet qui le rendoit heureux,
Et peut bien eſtre abſent auſſi-toſt qu'amoureux.
Mais tandis que ſes yeux s'en vont payer au Monde
L'adorable tribut d'vne clarté feconde,
Son cœur impatient retournant ſur ſes pas,
Porte vn autre tribut à de diuins appas,
Et ſoûmis à deux iougs diuers & neceſſaires,
Il ſouffre en deux façons deux mouuemens contraires.

 Que ne puis-ie, dit-il, ô Beauté que ie ſers,
Poſſeder librement la gloire de mes fers?

Mas, de repente, eis a Deusa já vingada,
E do rei das sazões a fortuna alterada,
Quem ontem incendiou é agora incendiado
E o fogo que avassala é agora avassalado,
Os amores brilhando, e de chama e de glória,
Seguem seu prisioneiro entoando a vitória.
E nesse carro ardente e mais que o fogo louro
Fazem raios novéis de sua plumagem de ouro.
Com um doce prazer passam a vaga riscosa
Felizes de triunfar no chão da mãe ditosa
E de punir o ser cujo dia indiscreto
Fez um crime comum de seu amor secreto.
Ele vai lhes pagar a horrível aflição,
O visível desdém do invisível grilhão,
E conhecer no fim por dores fulminantes
Que é melhor lamentar que acusar os Amantes.
Porém, rumo ao destino ele caminha a esmo,
Fiel à natureza e infiel a si mesmo,
Ele foge à razão que o fez afortunado,
Estando ou ausente ou apaixonado.
Mas quando vão pagar os seus olhos ao mundo
O tributo sem par de seu fulgor fecundo,
Sua alma impaciente recuando em sua sina
Traz um novo tributo à cilada divina,
E submisso a prisões várias e necessárias,
Sofre a dupla moção de demandas contrárias.
Se eu pudesse, ó Beleza, a quem eu me aferro,
Possuir livremente a glória de meu ferro?

Que ne puis-ie sans cesse, ô flambeau de mon ame
Respandre ma lumiere, où i'ay puisé ma flame ?
Et quelle est la rigueur qui contre la raison
M'ordonne de courir quant ie suis en prison ?
Les rayons dont ie voy ma teste couronnée
Ne conuient pas bien à mon ame enchaisnée,
Amour, destin, tyrans, qui me venez rauir,
Ou laissez-moy regner, ou me laissez seruir.
Dont i'ay pû me cacher à l'horreur des prodiges,
Et laissant de moy-mesme à peine des vestiges,
Plustost que d'esclairer de noires actions,
I'ay manqué de promesse à tant de nations ;
Et mon iuste desir trouuera quelque obstacle,
Si ie veux plus d'vn iour esclairer vn miracle,
Et ioindre pour l'honneur d'vne rare beauté,
Aux feux de mon amour vn moment de clarté ?
Dōc mon œil qui voit tout, ne peut voir ce qu'il aime,
I'oste la nuit ailleurs, & ie l'ay dans moy-mesme,
Le sort me liure au monde, & ces cruelles mains
M'immolent tout bruslant au salut des humains ?

 Dans ces tristes regrets, dont sa flame est la source,
Il commence, il poursuit, il acheue sa course,
Puis reuient par amour, autant que par deuoir,
Et pour donner le iour & pour le receuoir ;
Il vient, & redoublant sa chaleur coustumiere,
Il marche tout couuert de traits, & de lumiere,
Et forçant les forests qui luy cachent son bien,
Esclaire leur secret, pour declarer le sien.

B iij

Se, alma, eu pudesse, ó tocha que inflama,
Expandir minha luz onde extraí a chama,
E qual é o rigor que contrário à razão
Me comanda a correr quando estou na prisão?
Os raios pelos quais me vejo coroado
Não convêm muito bem a um ente dominado,
Tiranos, sina e amor, que vindes me extorquir,
Ou deixem-me reinar, ou deixem-me servir,
Pude assim me ocultar do assombro dos prodígios,
Deixando de mim mesmo alguns poucos vestígios,
Em vez de iluminar tenebrosas ações,
Faltei minha promessa a inúmeras nações;
E meu justo querer terá um freio agre
Se eu quiser mais de um dia aclarar um milagre,
E reunir em honor de uma rara beleza
Aos meus fogos de amor o instante de clareza?
Meu olho tudo vê, sem poder ver quem ama,
Hospedo a noite longe e em mim ela se acama,
A sorte me abandona e suas mãos brutais
Me imolam sobre o fogo em favor dos mortais?
Nesse triste pesar, que seu incêndio enceta
Ele vai, continua e atinge sua meta,
Ele volta depois, por amor e dever,
Para doar o dia e para o receber;
Ele vem, e aumentando o usual calor
Com raios marcha à frente em pleno fulgor,
E força o bosque onde seu bem se escondeu,
Aclara-lhe o segredo e lhe declara o seu.

Mais que seruent ces soins à ce Dieu trop sensible,
S'il trouue dans Philis vne glace inuincible,
Il n'y a rien qui luy plaise, elle fuit en tous lieux,
Et le feu de son ame, & celuy de ses yeux,
Et de sa double ardeur, craignant plus d'vn outrage,
Luy cache également le cœur & le visage.
En vain comme vn esclaue il la suit pas à pas,
Il brusle tout le reste, & ne l'eschauffe pas;
En vain iettant des pleurs, plus que ne fait l'aurore.
 Belle, aimez, luy dit-il, celuy que l'on adore,
Il renonce pour vous au droict des immortels,
Il vous demande vn cœur, & non pas des autels,
Et cedant à vos yeux vn honneur legitime,
Il veut tout Dieu qu'il est deuenir leur victime.
 Mais quittez vos desseins, ardent Pere du iour,
Et sçachez que sa haine est vn effet d'amour;
L'Image d'vn mortel en son ame tracée,
Fait qu'vne Deïté n'y peut estre exaucée,
Et les yeux d'vn Berger qui n'ont point de pareils,
Sont de cette beauté les Dieux & les Soleils;
L'amour combat l'amour, il s'oppose à soy-mesme,
Philis ne peut aymer, parce que Philis aime,
Elle ne peut offrir des biens qu'elle n'a plus,
Et les dons qu'elle a faits l'obligent au refus.
Quoy! ce refus vous trouble, & vôtre trouble esclate;
Parce qu'elle est fidelle, elle vous semble ingrate,
La vertu vous offense, & vostre cruauté
Veut separer la foy d'auecque la beauté?

De que serve a aflição nesse Deus tão sensível
Se em Fílis ele vê um reflexo invencível,
Nada lhe dá prazer, ela foge e se esquiva
E o fogo de sua alma e da sua vista altiva
E do seu duplo ardor, temendo algum desgosto,
Ocultam-lhe igualmente o coração e o rosto.
Em vão como um escravo ele põe-se a escapar
Ao queimar tudo em torno não se faz esquentar,
Em vão chorando mais do que a própria aurora.
Bela, ama, ele diz, o deus que o mundo adora,
Ele abdica por ti ao jus dos imortais
Só quer o teu amor e não aras fatais,
E aos teus olhos cedendo uma honra legítima,
Mesmo ele sendo um Deus, quer se tornar tua vítima.
Mas larga teu desígnio, ó astro que é só chama,
Sabe que o ódio se abrasa aonde o amor se inflama;
A imagem de um mortal no âmago insculpido,
Faz o ser celestial não ser mais acolhido,
E os olhos de um Pastor, com sua graça de escol,
São dessa moça bela as deidades e o Sol;
O amor combate o amor e se opõe a si mesmo,
Fílis não pode amar, pois o amor é seu sesmo,
Já não pode ofertar um dom que não detém,
Pois se dádivas deu, bens pra dar já não tem.
Quê! a recusa te fere e a ânsia te arrebata,
Por ela ser fiel, te parece uma ingrata,
A virtude te ofende e essa tua crueza
Quer separar a fé da graça da beleza?

Digne commencement de voſtre amour coupable,
S'il faut pour vous aymer, qu'on ceſſe d'eſtre aymable,
Et plus digne ſuccez que voſtre amour attent,
S'il fonde ſon eſpoir ſur vn cœur inconſtant ?
  Mais ſon dépit augmente, & l'Enuie inhumaine
Qui du plaiſir d'autruy compoſe noſtre peine,
Vient de ſon fiel bruſlant enuenimer ſes fers,
Et porte dans le Ciel les flames des Enfers.
Ses crins longs & picquäs, qui de cent coups le percent,
Inſpirent à ſon cœur la fureur qu'ils exercent,
& leur moindre piquüre eſt vn large canal,
Par où coule à flots noirs vne abſinthe fatal,
Comme vn nuage eſpais qu'vne vapeur enfante,
Ils offuſquent l'eſclat de ſa teſte brillante,
& ſur ſes cheueux d'or indignement rampans,
Autour de ſes rayons enlacent leurs ſerpens.
Il a beau triompher dans vn char de lumiere,
Des monſtres immortels qui bordent ſa carriere,
Celuy-cy le ſurmonte & ioint pour ſon malheur,
La colere à l'amour, la rage à la douleur:
Comme il n'eſt plus luy-méme, à luy-méme ſemblable,
Ce qu'il aimoit le plus luy deuient redoutable,
Il craint de voir Philis, parce qu'il craint auſſi
De voir l'heureux Berger qui cauſe ſon ſouci ;
Parmy ce qui luy plaiſt trouuant ce qui le tuë,
En approchant ſon cœur il deſtourne ſa veuë;
Il ne peut accorder ſes yeux, & ſon deſir,
& de peur de la peine, il renonce au plaiſir.

Ó princípio leal de teu amor culpável,
Se te convém amar, não seja mais amável,
E o mais digno final que teu amor almeja
Se ele fia a esperança em alma errante e andeja?
Mas seu desdém aumenta e a Inveja, nosso algoz,
Que do alheio prazer nos traz a dor atroz
Goteja na sua arma a peçonha do fel
E as flamas infernais suspende até o Céu.
A crina longa e aguda, amarga e afiada peia,
Lhe enche o coração da fúria que afogueia
E sua menor picada é um largo canal
Por onde escorre, negro, um absinto fatal,
Tal uma nuvem brumal gerada no vapor
Ofusca em sua cabeça os brios de seu fulgor,
E curvando, ato indigno, os louros, servis,
Nos raios ao redor, expande serpes vis.
Inútil submeter sobre um carro flamíneo
Os monstros imortais que beiram seu caminho,
Este o submete e junta para seu desfavor
A cólera ao amor, a fúria e a raiva à dor:
Não sendo mais o mesmo, a si mesmo igual,
O que amou lhe produz um temor anormal,
Ele teme ver Fílis, pois teme a visão,
Ver o feliz Pastor que lhe traz aflição;
Bem junto ao que lhe apraz flagrando o que o contrista
Com o coração bem perto, ele desvia a vista;
Não pode conceder os olhos e o querer,
E temendo penar renuncia ao prazer.

Si par fois il leur iette vn œillade farouche,
Il pense tousiours voir sur les fleurs de leur bouche,
Les traces d'vn soûpir, ou celles d'vn discours,
Dont ces cœurs languissans nourrissent leurs amours,
Si lors qu'ils sont aussi sur l'email du riuage.
Pour cueillir vn boucquet ils panchent le visage,
Dans la timide ardeur qui le vient embraser,
Il croit qu'ils ont dessein de cueillir vn baiser,

  Quoy, dit-il aussi-tost, plain de flame & de glace;
Quoy, si deuant mes yeux ils ont bien cette audace,
Et si de leurs transports l'indigne liberté
Ose de mes rayons soüiller la pureté,
Quels feux n'allumera la fureur qui les donte,
Quand ma fuite esteindra la lumiere & la honte :
Quand leur amour exempte, & de crainte & de soin,
Aura mon ennemy pour vnique tesmoin,
Et que la nuit venant, dans les plus sombres voiles,
Cachera leurs larcins à ses propres estoiles ?

  Puis, comme si son mal s'appaisoit à demy,
Las ! ie suis, poursuit-il, mon plus grand ennemy,
Ie leur suis liberal, la nuit leur est auare,
Et ie les viens vnir, quand elle les separe;
C'est moy qui les appelle, & c'est moy dont les feux
Sont de leur rendez-vous le signal amoureux;
Ie viens ouurir les yeux, dont ils blessent leurs ames,
Ie preste les clartez qui rallument leurs flames :
Ils n'auroient point sans moy d'obiets, ny de regards,
Ils n'auroient point sans moy, de fleches, ny de dards,
                              Ie redonne

Se por vezes lhe lança uma olhadela louca,
Pensa sempre flagrar nas flores de sua boca,
Os traços de um suspiro ou mesmo a entoação
De que o peito se vale ao nutrir a paixão.
E quando estão à beira da margem da fonte
Pra colher um buquê, eles curvam a fronte,
E no tímido ardor que lhes vem num lampejo,
Ele os crê na tenção de colherem um beijo.
Quê! põe-se ele a dizer, gelando em fogo frio,
Se diante os olhos meus mostram audácia vil
E se do enlevo mútuo a indigna liberdade
Ousar de minha luz manchar a castidade,
Que chispas o furor que os doma há de lançar,
Quando o pejo e a luz minha fuga esgotar:
Quando a afeição dos dois, sem angústia e temor,
Houver por testemunha o meu opositor,
E que a noite a chegar, com seus escuros véus,
Seus roubos velará dos seus astros no céu?
E então como se estando um pouco em paz consigo:
Ai, eu fujo, ele diz, do maior inimigo,
Eu lhe sou liberal e a noite é-lhe avara,
E eu os venho ligar, quando ela os separa;
Sou bem eu que os convoco e cujo bom fanal
É do encontro dos dois o amoroso sinal;
Venho dar-lhes o olhar, algoz do coração,
E empresto-lhes a luz que inflama sua paixão
Não teriam sem mim nem coisas nem olhadas,
Não teriam sem mim nem dardos nem flechadas,

Ie redonne l'esclat à ces couleurs viuantes,
Qui peignent dans leurs cœurs ces Idoles bruslantes,
Et ie suis condamné par vne iniuste loy
A leur fournir des traits, contr'eux & contre moy,

  Oüy, Beauté, luy dit-il, de qui l'amour m'outrage,
Qui ioins beaucoup d'orgueil auec peu de courage,
Qui refuses vn Dieu qui t'offroit vn autel,
Et profanes ton cœur des flames d'vn mortel,
Pendant que ta rigueur me charge de supplices,
I'entretiens tes plaisirs, i'esclaire tes delices,
Par moy tu vois l'objet où tes yeux se sont pleûs :
Mais par moy desormais tu ne les verras plus :
Ie sçay causer la mort, aussi bien que la vie :
La clarté par mes feux est donnée & rauie,
Ils ont, & dequoy luire, & dequoy consumer,
Et s'ils ouurent les yeux, ils peuuent les fermer.

  Le Dieu tesmoigne ainsi la douleur qui le touche,
Mais son visage encore en dit plus que sa bouche,
Et qui voit sa colere, auroit peine à iuger
Que pour toute victime elle veüille vn Berger.
Les Cieux mesme en ont peur, la Nature qui tremble
Croit qu'il veut se venger sur tout le monde ensemble,
Brusler hommes & Dieux, tout perdre en se perdant,
Et de tout l'Vniuers faire vn bucher ardant.

  Mais s'il fait craindre à tous sa fureur violente,
Luy seul, craint seulement qu'elle ne soit trop lente,
Il ne trouue en son cours, ny fleuue, ny marais,
Où son œil enflammé n'enuenime ses traits :

C

Eu devolvo o fulgor ao matiz tão jocundo
Que o Ídolo do ardor lhes pinta lá no fundo,
E por injusta lei, sou forçado a lhe dar,
Contr'ele e contra mim, as flechas de matar,
Sim, Beleza – ele diz –, cujo amor me esconjura,
Que unes muito orgulho a um pouco de bravura,
Que recusas um Deus que te oferta um ritual,
Poluis o coração com chamas de um mortal,
Enquanto teu rigor me fere com sevícias
Cuido do teu prazer e aclaro tuas delícias,
Por mim vês esse ser que ao teu prazer atrais
Doravante, por mim, tu não o verás jamais:
Eu sei causar a morte e sei gerar a vida
Por meus fogos a luz é dada e abolida,
Sabem como acender e como se queimar
E, se dão a visão, podem bem a ceifar.
O Deus revela assim a dor que o avassala,
Mas seu rosto diz mais, muito mais, que sua fala,
E a custo saberá quem notar-lhe o furor
Que por vítima quer tão somente um pastor.
Temem-no os próprios Céus, e a Natura, tremente,
Crê que quer se vingar do Cosmo inteiramente,
Queimar homem e deus, dar fim a si e ao mundo,
E fazer do Universo um incêndio rotundo.
Mas se amedronta a terra a fúria violenta,
Seu único temor é que seja tão lenta,
Em sua rota não vê nem pântano, nem rio
Em que o inflamado olhar não lhe infecte o feitio:

Il charge ses rayons de ses vapeurs funestes,
Qui forment dans les airs, les foudres & les pestes;
Il n'importe qu'il cede à leur obscurité,
Pourueu qu'à son Riual il oste la clarté;
Plus jaloux du Berger que de sa propre gloire,
Il veut bien par la honte, acheter la victoire,
Dans l'estat malheureux où le destin l'a mis,
Il demande secours à tous ses ennemis,
Et fait en s'alliant aux ombres de la terre,
Par vne lasche paix vne plus lasche guerre.

   Le Ciel mesme, qui voit son Prince languissant,
Quitte pour cette fois le soin de l'innocent,
Et fermant tous les yeux des fauorables signes,
Ouure tous les canaux de ses sources malignes,
D'où coulent sur la terre, en mille petits corps,
Par les routes de l'air mille secrettes morts,
Le Chien qui vers le Dieu se veut monstrer fidelle,
Luy preste par auance vne chaleur mortelle,
La rage du courroux preuient celle du temps,
Et d'vn mordant regard il desole les champs.
Ce serpent qui bien loin de ramper sur les herbes,
Foule des plus hauts Cieux les campagnes superbes
S'vnit au mesme Dieu pour venger son amour,
Et respand son venin dans la source du iour.
Et toy cruel Archer dont les armes bruslantes
Portent le noir trespas sur leurs pointes brillantes,
Tu joins tes traits d'argent auec ses fleches d'or,
Et fais de deux fureurs vn funeste tresor?

Com funesto vapor carrega suas réstias
Que formam pelo ar os raios e as moléstias;
Não se importa em ceder a tal obscuridade,
Contanto que ao Rival lhe tire a claridade;
Invejando o Pastor mais que sua própria glória,
Pela vergonha quer comprar sua vitória,
Nesse estado infeliz em que o pôs o fadário,
Ele roga a demão de qualquer adversário,
E faz, ao se aliar aos espectros da terra,
Por uma paz poluta a mais poluta guerra.
O próprio Céu, ao ver seu príncipe doente,
Se afasta dessa vez do seu zelo inocente,
E já fechando olho aos favoráveis signos,
Desata os mil canais de seus caudais malignos,
De onde correm na terra em mil pequenos corpos
Pelas rotas do ar, os mil secretos mortos.
O Cão que frente a Deus se quer mostrar leal,
Lhe empresta de antemão um afogo mortal,
A explosão do furor faz prever o das sinas
E co'um olhar mordaz ele arrasa as campinas.
A serpente que em vez de andar na erva acerba,
Calca dos altos Céus a campina soberba,
Em vingança ao desdém, ao mesmo Deus se alia
Lança a peçonha vil na nascente do dia.
E tu, Arqueiro mau, cuja flecha abrasante,
Carrega o negro fim na barbela brilhante,
Juntas a seta argêntea às tuas flechas de ouro
E fazes de tua fúria um funesto tesouro?

Enfin de tous les maux la troupe deschaisnée,
Vient charger vn seul iour des crimes d'vne année.
Le Monarque des temps confondant les saisons,
Des Monstres assemblez, assemble les poisons,
Et fait de ce meslange vne foudre durable,
Qui frappe sans relasche vn Berger miserable.

Conteray-je les morts, que cét ardent flambeau
Fit descendre à ce iour dans l'horreur du tombeau,
Que Daphnis arriuant dans le Royaume sombre
Vit errer apres luy, comme ombres de son ombre,
Et qui dans son entrée accompagnans ses pas
D'vne pompe funebre ornerent son trespas?
Nul âge n'est exempt de cette injuste guerre,
L'enfant & le vieillard gisent dessus la terre;
Les sexes differens tombent d'vn mesme sort,
Et les champs sont couuerts des moissons de la Mort.
Mais pourquoy diuiser le fleuue de nos larmes?
Ne plaignõs que Daphnis, ne plaignõs que ses charmes
Et sans troubler nos cœurs d'vn vulgaire soucy,
Perdans tout en vn seul, donnons luy tout aussi.
Qui pourroit sans pitié voir l'excez de sa peine?
Il brusle d'vn ardeur qui court de veine en veine.
Et des torrents de feu coulent dans ces vaisseaux,
Où le sang fit couler ses paisibles ruisseaux,
Ce sang chaud & boüillant, cette flame liquide,
Cette source de vie, à ce coup homicide,
En son lit agité ne se peut reposer,
Et consume le champ, qu'elle doit arrouser.

Solto então do contágio o bando louco e insano,
Se aglomeram num dia os delitos de um ano.
O monarca do tempo alterando estações,
Dos monstros em concílio ajunta as vis poções,
E faz dessa mistura um corisco durável,
Que bate sem cessar o Pastor miserável.
Os mortos contarei que o archote abrasador
Fez então descambar no túmulo de horror?
Que Dáfnis ao chegar ao Domínio oculto
Viu errar junto a si, tais vultos do seu vulto,
E que ao ali ingressar, seguindo-o no confim,
De um fausto funeral adornaram seu fim?
A idade está à mercê dessa maleva guerra,
A criança e o velho arrastam-se na terra;
Caem homem ou mulher, presas da mesma sorte,
E os campos já estão cheios das ceifas da morte.
Mas por que divisar a lágrima a escoar,
Choremos só o Pastor e sua graça sem par
E a aflição trivial afastando do peito
Nele o que se desfez, devolva-se refeito.
Quem poderia ver sem dó sua dor sem freios?
Vai queimando de ardor o sangue pelos veios.
E as torrentes de fogo escorrem nos caudais
Onde o pulsar impele os plácidos canais,
Esse sangue fervente e a flama umedecida,
Essa força de vida, a esse golpe homicida,
No leito em aflição, não pode repousar,
E consome o torrão que devia regar.

Dans ses canaux troublez, sa course vagabonde
Porte vn tribut mortel au Roy du petit Monde,
Et le cœur infecté par cette trahison,
Au lieu de nourriture, auale du poison.

  Ces atomes viuans, durables estincelles,
Petit corps, qui des corps sont les ames mortelles,
Inuisibles liens, qui iusques au trépas
Attache ce qu'on voit à ce qu'on ne voit pas;
Les Esprits accourus en troupes mutinées,
Font cent tours & retours, en leurs routes bornees,
Et par leurs cours diuers esbranlans tout le corps,
D'vn mouuement confus agitent ses ressorts.
On diroit que son ame en ce mortel orage
Cherche de tous costez, à se faire vn passage,
Qu'elle frappe par tout pour rompre sa prison,
Et se sauuer des feux qui brusle sa maison.
Ses yeux sont deuenus deux sanglantes Cometes
Qui d'vn cruel trespas sont les tristes Prophetes,
Son corps auant la mort a demy consumé,
Paroist dans sa langueur vn squellette enflammé,
Et ce teint qui sembloit vne rose animee
N'est plus rien maintenant qu'vne cendre allumee,
Qui doit, comme vn nuage au souffle d'vn Zephir,
Se perdre au premier vent de son dernier soupir.

  Mais de quelques ardeurs que le Dieu le tourmente
L'ennemy toutefois est plus doux que l'Amante,
Et Philis se noyant dans les eaux de ses pleurs,
D'vne bonté cruelle irrite ses douleurs:

Nos revoltos canais, seu curso vagabundo
Traz um preito mortal ao Rei do Micromundo.
E doente o coração por essa traição,
Em vez de seu sustento, engole a vil poção.
   Tais átomos febris, chispas atemporais,
Corpinhos donde nasce a alma dos mortais,
Indistintas junções que até a morte imprevista
Ligam o que se vê ao que se esquiva à vista;
Em tropa amotinada, os Espíritos leves
Vão e vem, voltejando, em suas rotas breves,
E lhe abalam o corpo, aos saltos, como bolas,
Com confusas moções agitam-lhe as molas.
Dir-se-ia que a alma, em pleno temporal
Pra sair se debate em busca de um portal.
Que ela, aos golpes, procura arrombar sua prisão
E se salvar da chama a queimar sua mansão.
Seu olhar se tornou um sangrento luzeiro
Que de um final cruel é o triste agoureiro.
Seu corpo antes do fim, lânguido, consumido
Parece um esqueleto em chamas comburido.
E sua tez que era igual a uma rosa animada
Agora não é mais do que cinza abrasada,
Que deve, qual vapor soprado pelo vento
Perder-se ao iniciar o seu último alento.
Mas por muito que o Deus o deixe atormentado,
O inimigo, porém, é mais doce que o Amado,
E Fílis afogada em águas lacrimosas
Com bondade cruel lhe abre chagas penosas.

Plus son ame est sensible, & moins elle est humaine,
Il souffre par l'amour, il souffre par la haine,
La rigueur de sa peine accroist par la pitié,
Et la part qu'elle y prend l'augmente de moitié.
Il voit que la Bergere, en ce poinct trop fidelle,
Veut souffrir auec luy ce qu'il souffre pour elle,
Que d'vn triste regard nourrissant son ennuy,
Elle sort d'elle-mesme & vient toute dans luy,
Et que là d'vn œil ferme, & d'vn courage tendre,
Elle prend de son mal tout ce qu'elle en peut prendre.
En vain le Dieu jaloux se vengeant à souhait,
Veut sauuer ce qu'il ayme, en perdant ce qu'il hait,
En vain pour destourner la commune tempeste,
D'vn rayon salutaire il couronne sa teste,
Et fait voler prés d'elle vn fauorable esclair,
Pour defendre l'approche aux injures de l'air.
A l'aspect du Berger son ame l'abandonne:
La pitié fait mourir quand la rage pardonne:
Au lieu de la fureur l'amour lance le trait,
Et Daphnis fait le coup que le Dieu n'a pas fait.
C'est là ce qui le tuë, & s'oubliant soy-mesme,
Pour plaindre le malheur de la beauté qu'il ayme.

 Ceux, dit-il, qui voyez les peines qu'elle sent,
Que ne m'est-il permis de mourir innocent?
On me rend criminel par mon propre supplice,
Et ie deuiens iniuste en souffrant l'iniustice.
Mais vous-mesme, Philis, vous l'estes plus que tous,
Vostre cœur prend des maux qui ne sont point à vous,

Quanto melhor sua alma, e menos ela é humana,
Ele sofre de amor e pela raiva insana,
O rigor de sua dor cresce pela piedade,
E a cada vez que a sente, ela aumenta metade.
Ele vê que a Pastora é fiel e o vela,
Com ele quer sofrer o que sofre por ela,
Que com triste rosto nutrindo o pesar,
Ela sai de si mesma e já vai se entregar
E que, firme o olhar, e com coragem mansa,
Do seu mal ela tira o que pode e alcança.
Em vão o Deus ciumento ao vingar-se sem peia
Quer salvar o que ama e perder o que odeia,
Em vão pra desviar a sua comum procela,
De um raio salutar coroa a testa bela,
E lança junto dela os coriscos propícios
Pra o avanço frear de aéreos malefícios.
Ao notar o Pastor, sua alma perde o norte
A raiva traz perdão, a piedade a morte:
Em lugar do furor o amor lança sua flecha,
E o que o Deus não lançou, o bom Dáfnis desfecha.
É isso que o matou, e esquecendo-se agora,
Para chorar o azar da beleza que adora:
Ó vós que vedes, disse, as penas que ela sente
A mim é proibida uma morte inocente?
Me fazem malfeitor por mi'a própria sevícia,
E me torno um injusto ao sofrer injustiça.
Mas, tu, Fílis, tu o és, mais que todo o mundo,
Assumiste aflições que não são tuas no fundo.

Et fait en mesme temps cruel & pitoyable,
En m'oſtant ma miſere il me rend miſerable.

 Helas! qui m'auroit dit quand ie fus enflammé,
Daphnis tu te plaindras de te voir trop aymé,
L'euſſé-je pû penſer, euſſé-je bien pû croire,
Qu'on trouuaſt le malheur dans le ſein de la gloire,
Et que moy-meſme vn iour contraire à mes deſirs
I'euſſe fait mes tourmens de mes plus doux plaiſirs?
Donc vn autre deſtin fait que ie ſuis tout autre,
Vous me percez le cœur quand ie touche le voſtre:
Et les traits de pitié que vous iette mon ſort
Retournant contre moy ſont des traits de la mort?
Moderez ces transports, ô Beauté que i'adore,
Et ne m'aymez pas tant ſi vous m'aymez encore,
Auſſi bien tous vos ſoins vont eſtre ſuperflus,
Et ie ſuis deſormais comme ce qui n'eſt plus.
Ie n'ay rien de viuant dans ce moment extreme,
Que le cœur qui ne vit que parce qu'il vous ayme,
Et ie doute, Philis, ſi partant de ce lieu,
Ie pourray bien vous dire; Il vouloit dire Adieu,
Mais au lieu de ce mot, ſa belle ame s'enuole,
Et Philis s'écriant, acheue la parole;

 Adieu donc, luy dit-elle, Amant infortuné,
Tu m'oſtes donc, cruel, ce que tu m'as donné,
Cette ame qui fut mienne, à preſent m'eſt rauie,
Et tu peux bien ſans moy diſpoſer de ta vie?
Mais ſi tu prends, Daphnis, vn bien qui fut à moy,
Dieux! pourquoy me laiſſer celuy qui n'eſt qu'à toy:

E faz, a um tempo só, cruel e lamentável,
Me roubando a miséria me faz miserável.
Mas quem diria, ó Céus, quando fui inflamado,
Dáfnis, tu lastimaste ao te ver tão amado,
Se tivesse pensado e crido em tal história
Que a desgraça se encontra no seio da glória,
E que eu mesmo um dia opondo meus quereres
Acharia a aflição nos mais doces prazeres?
Um outro fado faz que eu seja outro que eu,
Tu me feres no peito assim que toco o teu:
E essas setas de dó que te lança a mi'a sorte,
Voltando contra mim, serão setas da morte?
Modera tua paixão, tu que minha alma adora,
Não does tanto amor se me amas inda agora,
Os teus zelos também não serão essenciais
E doravante sou como alguém que não é mais.
De vivo em mim só há, neste extremo momento,
Meu peito que, de amá-la, inda guarda um alento.
Mas ao partir não sei, Fílis dos olhos meus,
Se vou poder dizer. Queria dar adeus,
Mas em vez da palavra a alma leve se ala,
E Fílis, exclamando, assim conclui a fala;
E disse, Adeus, então, amante infortunado
Tu me roubas, cruel, o que me tinhas dado?
A alma que foi minha é agora subtraída,
E tu podes sem mim dispor da tua vida?
Mas, ó Dáfnis, se um bem me roubas, que foi meu,
Deus, por que me deixar esse bem que é só teu?

Et de quel œil verrois-je en ces deserts funebres,
L'homicide clarté, qui cause mes tenebres ?
Non, non, il faut mourir, mon mal est trop pressant,
Ma douleur m'y contraint, mon amour y consent,
Et ce corps affoibly, qui sous le fais succombe,
Ne veut plus d'autre bien que celuy de la tombe.
Allons-y donc ensemble, ô Berger sans pareil,
Ces lieux nous seront doux, ils n'ont point de Soleil,
Les Enfers nous cachans dans leurs demeures sombres
N'auront point de jaloux qui separe nos ombres :
Et de quelque rigueur que leurs Dieux soient blâmez
Il nous sera permis d'aymer & d'estre aymez.
Et bien es-tu content de l'excez de ma peine,
Traistre de qui l'amour est semblable à la haine,
Impatient jaloux des hommes & des Dieux,
Vigilant espion de la Terre & des Cieux,
Toy, par qui les Amans, victimes de l'Envie,
Sont asseurez de perdre, ou l'honneur ou la vie.
Au moins n'as-tu rien veu dans nostre chaste amour,
Qui blessast la pudeur, & qui craignist le iour.

   Ainsi parloit Philis mortellement atteinte,
Ses pleurs impatiens viennent couper sa plainte,
Mais par un tel effort, qu'on doute à voir ses yeux
Si c'est pour l'interrompre, ou pour l'acheuer mieux,
Son cœur que la douleur a percé de ses armes,
Respand à gros boüillons un deluge de larmes,
Qui noyant de son teint les mourantes couleurs,
Precipite sa course au milieu de ses fleurs.

Com que olho verei nessas terras sombrias
O homicida fulgor que trouxe as trevas frias?
Não, não, melhor morrer, meu mal é muito urgente,
Constrange-me a dor e meu amor consente,
Meu corpo, sem vigor, que o destino tortura,
Outro bem não quer mais que o dom da sepultura.
Vamos juntos, então, Pastor, alma de escol,
Pois lá será melhor, lá não se encontra o Sol,
O Inferno, nos tapando em seus mantos ocultos,
Não terá um ciumento a apartar nossos vultos.
Se por algum rigor forem os Deuses culpados
Poderemos, ainda, amar e ser amados.
Então, te contentou meu excesso de dor
Traidor de quem o amor se assemelha ao rancor,
Que invejas, impaciente, humanos e imortais,
Que vigias a terra e os Céus eternais, Tu, de quem os casais,
    presas da avara fúria,
Sabem bem que terão ou a morte ou a injúria.
Mas tu não viste nada em nosso casto amor
Que envergonhasse o dia ou ferisse o pudor.
Fílis falava assim, já ferida de morte,
E seu choro interrompe o dolente transporte,
Mas com um vigor, que faz temer ao ver-lhe o olhar,
Se o faz para o extinguir ou para o consumar.
Seu coração que a dor feriu com seu punhal
Expande em borbotões um copioso caudal,
Que inundando da tez as morrediças cores,
Precipita sua rota em meio a suas flores.

Tel qu'on voit vn torrent, fier enfant de la Thrace,
Qui maintenant est onde, & n'aguere estoit glace,
Par les mains du Printemps de ses fers affranchy,
Tomber du haut du mont que la neige a blanchy,
Puis venir deposer ses eaux & sa furie
Dans le sein fleurissant d'vne ieune prairie.
Telles pouuoit-on voir les larmes de Philis,
Qui tomboient sur vn teint & de roses & de lys,
Puis faisoient en joignant leurs ondes redoublees,
Comme vn fleuue nouueau de perles assemblees.

  Dieux! que l'Astre du iour voyant cette langueur
Se trouue tourmenté par sa propre rigueur!
Qu'il deuient malheureux par sa propre vengeance!
La cheute d'vn Riual abbat son esperance,
La haine de Philis croist auec son ennuy,
Et sa vaine fureur retombe dessus luy.
Quelque brillant qu'il soit, vne ombre le surmonte,
Et toutes ses clartez, n'esclairent que sa honte.
Il void que le Berger en mourant ne perd rien;
Il est jaloux du mal comme il le fut du bien,
Son esprit agité regarde auec enuie,
La gloire de sa mort, comme l'heure de sa vie,
Et voudroit, si le sort se laissoit gouuerner,
Luy rauir le trespas qu'il vient de luy donner.

  Mais Daphnis en tous lieux luy dispute la place;
Par tout il le combat, & par tout il le chasse,
Et quoy qu'ait fait le Dieu, quoy qu'il fasse auiour-
Il ne peut ny mourir, ny viure comme luy;   (*d'huy,*
                                                Il ne

Como vemos a cheia, orgulho do pai norte
Que já foi neve e hoje é onda de bom porte,
Pelas mãos da estação de seus ferros livrada,
Cair do alto monte onde há neve prateada,
E depois vir depor as águas e euforias
No seio todo em flor de novas pradarias.
Assim eram também as lágrimas de Fílis,
Que caíam na tez de rosas e de lises,
E faziam, jogando, as ondas redobradas,
Igual a um rio novel de pérolas ligadas.
Deus! Como o Astro de ouro ao ver esse langor
Sente a funda aflição por seu próprio rigor!
Fique ele infeliz por sua própria vingança!
A queda de um rival abate-lhe a esperança,
O ódio da donzela aumenta com sua dor,
E nele faz cair seu inútil furor.
Por mais brilhos que tenha, uma sombra o ofusca
E só a sua vergonha o seu fulgor corusca.
Vê que o Pastor, morrendo, ainda tudo tem,
Ele inveja-lhe o mal, como invejou-lhe o bem.
O espírito agitado fita com invídia,
A glória de sua morte e a hora de sua vida,
Gostaria, não fosse soberana a sorte,
De arrancar-lhe de volta a dádiva da morte.
Mas Dáfnis lhe disputa o posto em toda parte,
Aqui, ele o persegue, ali, ele o combate
E não importa o que o Deus tenha feito ou fará
Como ele nem morrer nem viver poderá,

Il ne peut meriter, ny retenir les larmes,
De l'aymable beauté, dont il ressent les armes,
Elles coulent encore, & couleroient tousiours,
Si les pleurs & les maux auoient vn mesme cours,
Et si les eaux que verse vne triste paupiere,
Sans manquer de suiet, ne manquoient de matiere,
Mais Philis impuissante à plaindre ses malheurs,
Voit durer ses ennuis plus long-temps que ses pleurs.
Ces humides enfans d'vne douleur amere,
Par vn sort auancé meurent deuant leur mere;
Ils meurent, & mourant font mourir les clartez,
De ces yeux qui regnoient sur tant de libertez.
Les ruisseaux enflammez de ces sources nouuelles,
Comme vn sablon doré, roullent mille estincelles,
Et leurs derniers boüillons entraisnent auec eux
Au milieu de leurs eaux, mille globes de feux.
L'amour pleure luy mesme en voyant tant de charmes
Dans les yeux de Philis se distiller en larmes.
Et fondre ces miroirs dont les rayons vainqueurs
Sceurent fondre pour luy tant de glaces de cœurs.
Ces miroirs esclatans, faits d'ondes, & de flames,
Par qui l'œil voit les corps & descouure les ames
Ces miroirs qui font voir par d'vtiles accords,
Le dehors au dedans, le dedans au dehors,
Ces miroirs animez, où toute la Nature
Vient faire à diuers temps sa diuerse peinture,
Et tracer vne image admirable en ce point,
Que par elle on voit tout & qu'on ne le voit point.

D

Não pode merecer e nem reter o pranto
Da beleza cortês, cuja arma teme tanto,
A lágrima escorre e sempre escorreria,
Se prantos e aflições tivessem mesma via,
E se as águas que verte a pupila cinérea
Além de ter teor, possuíssem matéria,
Mas Fílis, impotente em chorar seu quebranto,
Vê durar sua aflição mais tempo que o seu pranto.
Esse filho da dor, translúcido e molhado,
Morre diante da mãe, por um fado adiantado;
Morre, levando à morte as belas claridades
De olhos que foram reis de muitas liberdades.
Os regatos febris dessas fontes recentes,
Tal dourado areal, lançam chispas ardentes,
E os borbotões finais carregam de roldão
Três mil globos em chama a correr no filão.
O próprio amor soluça ao ver tanto encanto
Nos olhos da donzela a estilar-se em pranto.
E a fundir os espelhos cuja luz triunfante
Fundiu o gelo frio de almas relutantes,
Espelhos só de luz, feitos de chamas e ondas
Por onde os corpos vês e a alma humana sondas,
Espelho que faz ver, por acordo superno,
O interno no exterior e o exterior no interno,
Esse espelho vivaz onde toda a Natura
Vem fazer de ora em vez sua vária pintura.
E traçar uma cópia a tal ponto admirada
Que com ela se vê tudo e que não se vê nada.

Ainsi furent esteint ces flambeaux redoutables,
Ainsi furent punis ces illustres coupables
Le Dieu qui languissoit de regret & d'amour,
Ne peut souffrir la nuit dans ces Palais du iour,
Et destinant sa flame à de plus doux vsages,
En donna par ces mots de fidelles presages.

Si, dit-il, ô Beauté, dont i'adore les fers,
Ie pouuois rappeller les ombres des Enfers,
Comme ie puis bannir les ombres de la terre
La tombe vous rendroit le bien qu'elle resserre,
Et vous auriez de moy par vn double deuoir,
Et la veuë & l'obiet que vous aymiez à voir.
Mais puisque le destin me paroist si contraire,
Que ie ne suis puissant, que quand ie veux mal faire,
Qu'Amant trop malheureux, trop heureux ennemy,
Ie fais le mal entier, & le bien à demy,
Ne pouuant restablir vostre gloire premiere,
Ie fais ce que ie puis ie vous rends la lumiere.

Il parle, & les effets ses paroles suiuans,
Il change ses yeux morts en deux Astres viuans,
Qui conceus des rayons de ses plus belles flames,
Comme il esclaire aux corps embraserent les ames,
Tant que le sort permit en faueur de ces lieux,
Que la terre eust vn biē, qui n'estoit deû qu'aux Cieux.
Mais si tost que Philis eut acheué sa course,
Ces flambeaux détachez reuindrent vers leur source,
Et placez dans les Cieux, qu'ils rendirent plus beaux
Ils sont comme ils estoient, les deux Astres iumeaux.

F I N.

Foram extintos assim os brandões receados
E punidos também os ilustres culpados.
O Deus que se abatia ante o amor e a acedia,
Já não suporta a noite na Mansão do dia,
E destinando o fogo a usos mais propícios,
Anunciou com seu verbo os mais fiéis auspícios.
Se, Beleza, ele diz, cujo ferro idolatro,
Eu pudesse trazer as sombras do Orco atro,
Como posso banir as sombras dessa terra
A tumba te daria o bem que agora encerra
E terias de mim por um duplo dever
O objeto e a visão de quem tu amas ver.
Mas por me parecer a sina oposta e hostil
E por só ter poder querendo o ato vil,
Eu no amor infeliz, feliz na inimizade,
Eu faço o mal inteiro, e o bem pela metade,
Não podendo sanar tua glória primeira,
Faço o que é meu poder, devolvo-te o luzeiro.
Ele fala, e o efeito assiste ao verbo altivo,
Os olhos mortos mudam em dupla de astros vivos,
Que feitos do vigor das mais belas fulgências,
Como o sol doura o corpo, incendiaram as essências,
Tanto quanto é outorgado em prol desses locais
Que a terra ganhe um bem que é só dos celestiais.
Mas Fílis atingindo o curso porvindouro
As chamas sem grilhões voltam ao nascedouro,
E já postas nos Céus, que tornaram mais belos
Reencontram como antes em Gêmeos seus elos.

FIM